30代から始める「頭のいい」勉強術

和田秀樹

THE METHOD OF STUDYING WHAT YOU WANT TO HAVE THE MOST OF ALL FROM YOUR 30S.

三笠書房

はじめに

今日から「やること」「考えること」「変えること」

私の場合、三〇代の終わりから、急に仕事が増えはじめた。月刊誌や単行本などの原稿依頼が増え、講演を頼まれることも多くなった。知的なアウトプットを発表する場に恵まれることは、私としてはうれしいかぎりである。

これも、三〇代の一〇年間、自分なりに勉強を重ねてきたことの一つの果実だと思っている。

正直いって、二〇代までの私は、とても「知的な青年」と呼べる存在ではなかった。一応、受験戦争の勝ち組ではあったが、ろくに専門書を読むこともないまま、学生時代は遊びとバイトに明け暮れていた。

そして、医師としての基礎をきちんと身につけないまま、国家試験に受かり、名目だけは精神科医ということになった。

その後、「受験技術の研究家」として一部では有名になったが、医師としては駆け出し中の駆け出し。それを生涯の仕事にする覚悟もないまま、いやいや精神分析理論を勉強していた。

そんな私が「勉強はおもしろい」と思えるようになったのは、精神分析の勉強を始めてから五年目、一念発起してアメリカに留学してからのことである。

そのとき、私は三〇代のとば口にさしかかっていた。

論語に「吾《わ》れ十有五《じゅうゆうご》にして学に志《こころざ》す」とあるように、孔子は一五歳にして学を志したそうだが、非才の私は三〇歳にしてようやく勉学に志を立てたのである。

今から思えば、私はそのときからこの本の企画を温めてきたといえる。必ずしも意識的ではなかったにせよ、当時の私は「三〇代こそ勉強に最適の時期」という仮説を胸に秘めていた。

だからこそ、留学に踏み切れたのだと思う。妻子をかかえた身で、日本国内の仕事を捨て、渡米する決心がついたのだと思う。

そして、帰国後も含めた三〇代の一〇年間、自分なりに知的な活動を続けてきた今、三〇歳のときの仮説は、すでに単なる仮説ではなく、確信に基づいた説として人に語ることがきる。

「三〇代こそ、もっとも勉強に向いた時期である」と——。

逆にいえば、三〇代に勉強する習慣、あるいは考える技術、知的アウトプットのテクニックを身につけなかった人は、不幸である。

私はいやというほど、そういう例を目にしてきた。

たとえば、私の学生時代の友人には、当時、学部の劣等生だった私から見れば、輝くばかりの秀才が数多くいたものだ。しかし、彼らがその後、知的アウトプットを次々と生み出しているかといえば、必ずしもそうはいえない。彼らは、二〇代までに燃え尽き、三〇代の使い方に失敗したのだと思う。

むろん、勉強すること自体は、知的活動のごく一部であり、目的とするものでもない。自分の頭をよくし、上手に考え、問題解決や業務上の改善を含めて知的なアウトプットを生み出すため、その手段の一つとして勉強が必要なのだ。

そもそも、人生八〇年時代、三〇代で「自分は頭が悪い」「勉強するにはもう遅い」とあきらめてしまうのは早すぎる。

三〇代の勉強で身につけた知識や思考力を生かし、うまくアウトプットに結びつければ、四〇代以降の人生は必ずや開けてくるはずである。

この本では、三〇代のための勉強術と、その勉強の成果として、知的アウトプットをどうやって効率的に生み出すか、その理論と技術を紹介した。背景となるのは、最新の精神分析論、認知心理学、脳科学と、私自身の体験である。

本来、学ぶことは楽しく、心身にいい影響を与え、実利的にいっても、それがもたらす果実は大きい。

しかし、生きる態度を変え、知的な生活をスタートさせないかぎりは、その果実の甘さを味わうことは永遠にできないのである。

和田秀樹

『30代から始める「頭」のいい勉強術』◆もくじ◆

5 「頭」のいい試験勉強術――「役立つ資格」を最短時間でとれる人 173

6 「頭」のいい時間術
――「一日の使い方」がうまい人、へたな人

7 「頭」をよくする三〇代からの生き方
――これから伸びるのは「どんな人」か

1

まず、この「方法論」を知っておく!

――「仕事をする力」「学ぶ力」をどう高めるか

●今のあなたが、絶対に「勉強しなければならないこと」

この失われた一〇年、世の中、様変わりした。

もはや、学歴や学生時代に勉強したことで、生涯にわたって飯が食える時代ではなくなった。

終身雇用、年功序列という戦後日本人が頼りにしてきた人生計画のシナリオが崩れ、生涯競争能力主義の時代になりつつある。サラリーマンにも専門性が要求され、ただ休まず、遅れず働いているだけでは真っ先にリストラの対象になる。資格の一つもなければ、転職もままならない。

加えて、社会変化が加速し、身につけた知識やスキルの〝賞味期限〟は、どんどん短くなっている。今日の新情報は、明日の常識、あさってには誰も目もくれない陳腐な昔話だ。二一世紀、そういった傾向はさらに加速することはあっても、ふたたび牧歌的な日本型社会にUターンすることはありえないだろう。

学生時代の勉強、要するに学歴が生涯にわたってものをいう時代は終わりを告げ、大人も勉強しなくてはサバイバルできない時代になったといってもいい。

そもそも、人生は飛躍的に長くなっている。

人生五〇年の時代だったら、「もう三〇代だから、新しい専門を身につけるのはムリだな」というのも現実的な選択肢だったろう。しかし、人生八〇年の現代、二〇代はおろか、三〇そこそこ、四〇になったくらいで勉強をあきらめていては、後半生の四、五〇年間を頭を使うことなく終わってしまうことになる。

それは、けっして楽しい人生ではないだろうし、頭はどんどんボケていくことになる。

頭の老化防止は、三〇代から五〇代にかけて、どんな知的活動を行なうかということと深く関係している。

知能に関係のある大脳皮質は、三〇代後半からしだいに萎縮《いしゅく》しはじめるが、使いつづけていれば萎縮のスピードは遅くなり、使わなければ萎縮速度はどんどん加速する。

しかし、そうはわかってはいても、三〇代になると勉強がおっくうになる人は少なくない。たしかに、子どもや学生時代と違って、「大人の勉強」には無数の障害がある。

「時間がない」「ストレス・疲れがたまっている」「家族がいる」「生活費を確保しなければならない」――勉強ができない理由を挙げれば、それだけで一冊の本ができるだろう。

親に保護され、働く必要もなく、勉強に専念できる環境を与えられる子ども・学生とは、「勉強のための基本条件・環境」がまったく違っている。

ところが、私の見るところ、勉強を始められない本質的な理由は、別のところにもある。それは、時間でも環境でもなく、あなた自身のなかの、間違った思い込みである。誤った固定観念があなたを勉強から遠ざけ、結果的に頭を悪くしていくのだ。

●「年をとると、頭が悪くなる」は、敗者の詭弁である！

「大人の勉強」をさまたげ、頭を悪くする間違った思い込みは、三つある。

まず、第一は、「年齢の壁」という思い込みである。

この壁は、あなたの頭が生み出した〝空想の壁〟といっていい。医師として、また心理学を学んだ者として、重要なことをいっておきたい。脳科学的にいっても認知心理学的にいっても、「年をとっても、頭は悪くならない」と。

「年をとると、頭が悪くなる」――これは、じつに不幸な思い込みである。

たしかに、年をとると、脳細胞はどんどん減っていく。人間の脳の神経細胞（ニューロン）の数は、生まれたときがもっとも多く、約一〇〇〇億個もある。これが、大人になるにつれて、一日に一〇万個くらいのペースで減っていく。だいたい、一秒に一個のペースと思ってもらえばいい。

「一秒一個」「一日一〇万個」。それだけ聞けば、三〇代以上の人間にとっては、一見、絶望的にも思える数字である。だが、もともと脳の神経細胞の数、母数は一〇〇〇億個もあることを忘れてはならない。一日に一〇万個減ったところで、一年で三六五〇万個、母数から比べれば、全体の〇・〇三六五パーセントにすぎない。

私は今年四一歳になるが、単純計算すれば、生まれ落ちてから四一年間の人生で失われた脳細胞は、まだ約一五億個にすぎない。依然、私の脳には、九八五億個もの脳細胞が残っていることになる。四捨五入すれば、やはり一〇〇〇億個なのである。

そもそも、私が医学を学びはじめた二〇年ほど前には、人間の脳細胞数は約一四〇億個といわれていた。

この数字は、脳細胞を一つずつ数えたわけではなく、脳の一部をサンプルにし、そこから脳全体の細胞数を推算したものだ。それが、この二〇年間で、七倍以上にも増えているのだ。その意味でも、数十億個の脳細胞の増減など、誤差範囲のうちといっていい。

さらにいえば、私たちは、一〇〇〇億個の脳細胞のうち、数パーセント程度しか使っていない。アインシュタインのような〝一世紀に一人クラス〟の超天才でも、使っていた脳細胞は二〇～三〇パーセント程度だったと推定されている。

その意味でも、年間〇・〇三六五パーセント程度の減少に大きな意味はない。しかも、このようにしてなくなっていく神経細胞は、原則的に「使っていない細胞」なのである。だから、使っていない細胞が減っていくだけ、「脳の贅肉がとれた」くらいに思っていたほうがいい。生半可な知識で「脳細胞が減るから、頭が悪くなるんだ」と思い込むよりは、よほど理にかなっている。

●「勉強ができない人」「記憶力が悪い人」に共通する性格

ただし、大人になると、「記憶力が悪くなる」のは、動かしがたい事実ではある。

私自身、平成一二年、久しぶりに資格試験(臨床心理士)を受けてみて、記憶力の衰えを痛感させられた。四〇歳という年齢の意味を思い知ったといってもいい。

大人になると記憶力が落ちるのは、脳細胞が減少するためではない。それよりも、大人がすでにいろいろな知識を持っていることが関係している。逆にいうと、子どもがもの覚えがいいのは、何も知らないからだ。

子どもの脳は真っ白なキャンバスであり、余白がいっぱいある分、情報をストレートに吸収することができる。いっぽう、大人の脳には、すでに知識の細密画が描かれている。余白が少ない分、新しい情報を受け入れる能力は落ちる傾向にある。

30代から「絶対に必要な3つの力」

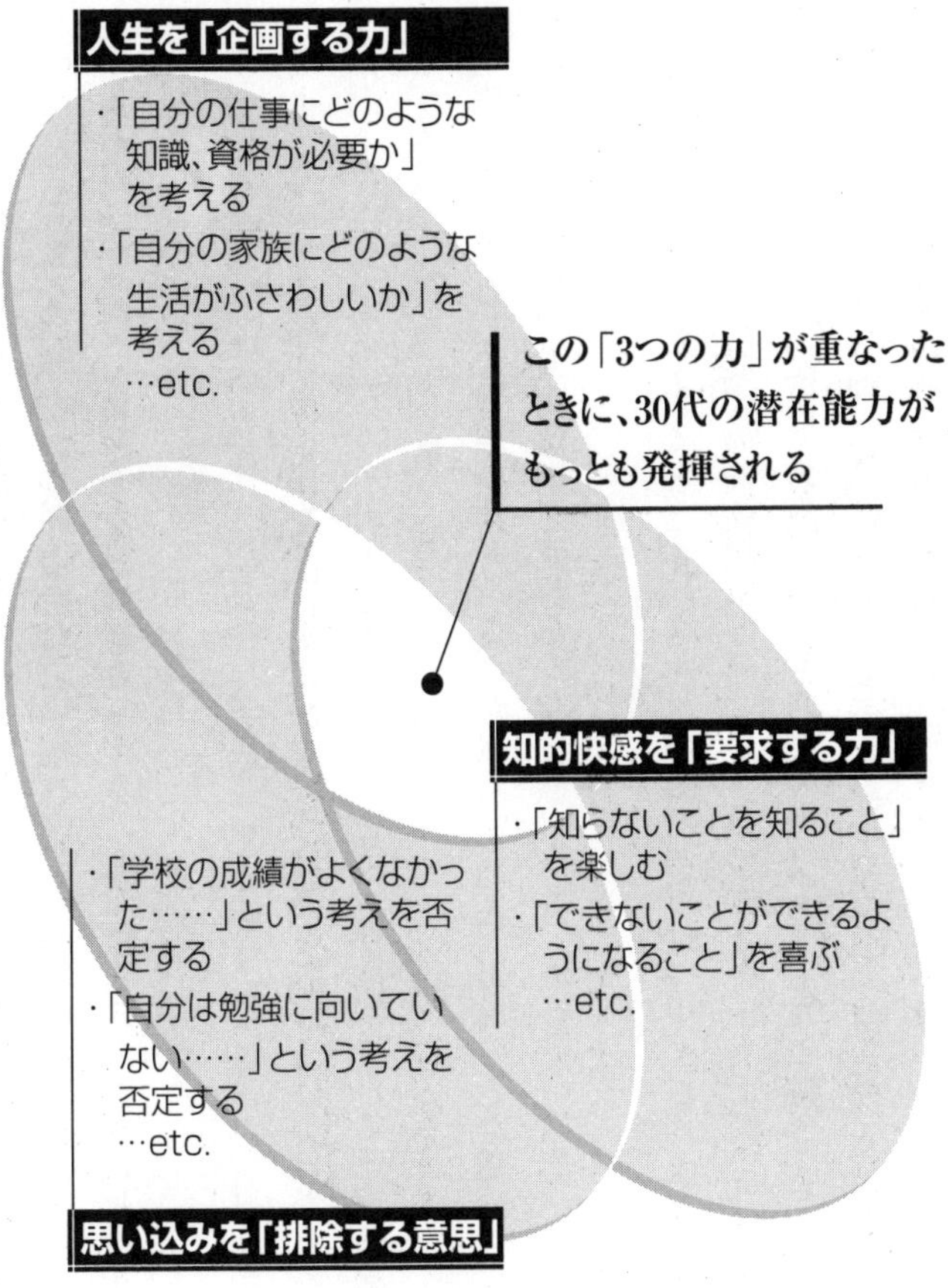
人生を「企画する力」
・「自分の仕事にどのような知識、資格が必要か」を考える
・「自分の家族にどのような生活がふさわしいか」を考える
…etc.
この「3つの力」が重なったときに、30代の潜在能力がもっとも発揮される
知的快感を「要求する力」
・「知らないことを知ること」を楽しむ
・「できないことができるようになること」を喜ぶ
…etc.
・「学校の成績がよくなかった……」という考えを否定する
・「自分は勉強に向いていない……」という考えを否定する
…etc.
思い込みを「排除する意思」

しかし、これも記憶力が落ちる決定的な要因ではない。それよりも、「記憶力が落ちた。もう新しいことを覚えられない」という間違った思い込みのほうが問題なのだ。

記憶力に対する不安は、記憶力に甚大な悪影響を与える。人間は覚えられないと思うと、本当に覚えられなくなるのだ。

たとえば、英単語を多少覚えられないからといって、「私は生まれつきもの覚えが悪い」と落胆すると、本当に英語が嫌いになり、英単語という情報を脳が受けつけなくなる。「記憶力は注意力」ともいえるのだが、自信を失って、うつ的な傾向が表れると、情報に対する注意力がてきめんに落ちてしまうのだ。

むろん、自信喪失を発端として勉強全体への意欲が減退すれば、頭への悪影響はさらに拡大する。意欲が失われると、人間は脳を使わなくなる。すると、脳自体の機能が確実に衰えていくのだ。

手を骨折して、ギプスで固めておくと、ギプスをはずした当座は、手が思うように動かない。頭も使わないでいると、筋肉の硬化現象と同じで、その働きが確実に鈍くなるのだ。「使わないこと」――これが、記憶力の減退の一番の原因になる。老人の場合など、うつ状態、うつ病になると、そこから痴呆状態に至ることが多い。記憶力の減退は、脳細胞の数うんぬんよりも、記憶しようという意欲の減退が原因になるほうがはるかに多いのである。

「記憶力が落ちた。だから、勉強ができない」という思い込みは、自分に対する言い訳でしかない。記憶力は、記憶する意欲さえあれば、確実によみがえってくる。

「東京大学で輝いていた大秀才」が、なぜ仕事ができないのか

三〇代以降、頭が使えなくなっていく第二の原因は、「自分はもともと頭が悪い」「思考力がない」という思い込みである。学生時代の成績が悪かった人、受験戦争に敗れた人に多い症状だ。

たしかに人間には、頭のよしあしがある。

しかし、大人の頭のよしあしは、学校時代の成績とはほとんど関係ない。学校時代の成績とは、つまるところ暗記力だけを尺度としたものである。いっぽう、大人の頭のよしあし、また勉強の成果は、「〇×式」では計れない。「学校の勉強」には向かなかった人でも、「大人の勉強」に向く人は、大勢いるのである。

現実に、学生時代は、成績抜群だったが、社会に出ると、簡単な問題解決もできない人がいる。バブル崩壊後の大蔵省（現財務省）など、その典型的集団といえるだろう。

業務上でもプライベートでも、大人が直面した問題を解決するには、正しい知識を入力

し、推論を立て、検証し、実行する力が必要だ。学校時代の頭のよしあしは、知識を入力する力だけで計られるといってもいい。いっぽう、学校の成績は悪かったが社会で成功している人は、知識の入力は下手でも、残りの力がすぐれていると考えられる。

私の知人でも、学生時代は、灘高、東京大学で神のごとくに輝いていた大秀才が、世の中に出ると、たいした仕事をしていないことがある。要するに、彼らは、学生としては頭がよくても、大人としては頭の悪い人たちといえる。

自分の頭を、または勉強したことを、社会で必要な問題発見能力や問題解決能力には役立てられない人というわけである。

私自身は、学生時代よりは記憶力は落ちていても、論理を組み立て、実行する力（私の場合、おもに患者を診断・治療する力、また原稿を書く力）は、若いころに比べて格段に伸びている。大人としての頭の使い方を鍛えてきた成果だと自負している。

また、大人になってからでも、自分のＩＱ（知能指数）レベルにこだわる人もいるが、これもまったくナンセンスな話だ。大人の頭のよしあしはＩＱではまったく計れない。

そもそもＩＱは、全体的な頭のよしあしというよりも、短期的な問題処理能力だけを測定するための試験だ。無意味な数字の羅列や図形、言葉を、短時間のあいだにどのくらい答えられるかのテストであり、もともと米軍で兵士の能力試験用に使われてきたものだ。

兵士として必要な命令、指示を理解できるかどうかの能力を計るための試験が、初等教育についてこられるかどうかを試す試験に流用されたにすぎない。

社会で通用する「実用的な知能」を見るものとはいえないのだ。

三〇代の大人が学び、考える目的は、むろん、学校でいい成績をとることではない。自分のＩＱについて一喜一憂することでもない。ただ知識を頭に蓄えることでもない。

その知識を利用して、問題解決、意思決定といった知的なアウトプットを生み出すことが、大人の目的だ。

その意味で、学校の成績が悪かった人、つまり暗記が苦手だった人は、大人に必要な頭の使い方からすれば、そのうちのごく一部が苦手であっただけにすぎない。そして、多少の記憶力の差は、勉強法で解決できる。そのために、この本があるといってもいい。

少なくとも、この社会のなかで、とくに問題もなく暮らしている人は、全員が「大人の勉強」には向いているし、頭を鍛えつづけられるといっておこう。

●「勉強嫌い」のための勉強術とは？

むろん、頭をよくするためには、上手に勉強しつづけることが必要だ。しかし、「勉強とはつらいもの、苦しいもの」という思い込みから、三〇代になると勉強から遠ざかってしまう人は少なくない。

これは、学校時代のトラウマ、日本の詰め込み教育が植えつけた心的外傷といっていいだろう。いつの間にか、勉強という言葉に、義務、強制、苦役、難行といったマイナスイメージが染みついてしまっているのである。

もともと、勉強することの楽しさは、多くの人が知っているはずである。

知らないことを学ぶのは楽しいし、できないことができるようになることはうれしい。それは、人間という知的生命体の本能といってもいいものだ。その快感への要求が、人間の前頭葉をここまで発達させ、「考える猿」に進化させたといってもいい。

歴史的に見ても、勉強は有閑階級の「娯楽」として始まった。

穀物の生産性が向上し、人類の一部が働かなくても食べられるようになったとき、時間を持てあました階層は、勉強を余暇の娯楽として楽しみはじめた。その成果の精髄が、古代ギリシャ哲学であり、古代ローマ文化といえる。日本でも、江戸時代の学問の発達は、裕福な町民によってもたらされた。彼らもまた、楽しみとして勉強に取り組んだのである。

むろん、これは現代人にとっても同じことで、知識を増やし、自分の頭で考えることは、楽しいことのはずである。そうでないと、クイズ、パズル、ゲーム、競馬などのファンがこんなに数多く存在するはずがない。

そもそも、趣味を楽しむにしても、初心者のあいだは相当量の勉強が必要になる。ガーデニングをするにしても、熱帯魚を飼うにしても、釣りを楽しむにしても、基礎知識を身につけることが必要になる。

そういう知識を身につけないと、いつまでも初心者のままで、成果も上がらず、おもしろくも何ともないだろう。マリンスポーツなど、本格的に楽しむには、資格（船舶四級など）の取得が必要な趣味もある。

だからといって、「勉強を趣味にすれば楽しくなる」というような単純なことを言うつもりはない。私自身、「そういうあなたは、本当に勉強が好きなのですか」と問われれば、一拍二拍、口ごもることになる。

トータルとして人よりは勉強してきたつもりだが、これまでの人生のなか、ずいぶん横道にそれた時期もある。学生時代など、週刊誌の記者などのバイトに明け暮れ、医学部六年のときの成績は、学部で下から五番くらい。あやうく医師国家試験にも落ちるところだった。

そもそも勉強が心底好きなら、すんなり大学に残って、ふつうの意味での学者になっていただろう。大学を飛び出して勤務医になったのも、勉強・研究以外にいろいろな世間を見たかったからという部分がある。

大人になってからの勉強がまずまず楽しくなってきたのは、ようやく二〇代の終わり、精神分析学、老人の精神医療、または認知心理学という、自分が心底おもしろいと思える専門を探しあて、これを生涯勉強しようと腹が据《す》わってからのことである。それ以降、ようやく「おそらく、自分は勉強が好きなのだろう」くらいには思えるようになった。

金・家・出世……まず、「自分の欲望」に徹底的にこだわれ

頭をよくするため、勉強を楽しいものに変えるには、また気楽に続けていくためには、それはそれでかなりのテクニックがいる。細かなテクニックはあとで詳述するが、ここではもっとも重要なことをいっておこう。

「大人の勉強」には、まず、「企画力」が必要ということだ。

自分の人生を企画する力である。

今後、自分の人生をどうプロデュースするか、どのような専門知識を身につけ、どのような資格をとるかなど、勉強の目的をはっきりさせる必要がある。自分が何のために勉強しているのかわからないと、勉強はたちまち苦しいものになる。学生時代、「数学がなぜ

必要なのか」と自問したとたん、数学嫌いになった人は少なくないはずである。それでなくても、「大人の勉強」は選択肢が多い。

学生時代と違って、何をどう勉強するかを自分で決めなくてはならない。その意味で、何を学ぶかを選択する企画力が要求される。

大人になれば、自分と相性のよさそうなことは、かなりわかってきているはずだ。そのなかから、自分の人生にとって有利なこと、上手になりそうなこと、楽しんで学べそうなことを探す。自分が楽しいと思えることは、知識の入力が容易になる。

そして、勉強は成果が上がれば、おのずと楽しくなってくる。楽しければ、しぜんに頭が働きだし、アウトプットを生みだしてくれる。

むろん、自分の人生を企画するときは、みずからの欲望にとことん素直になることだ。「金を儲けたい」「いい家に住みたい」「先に出世したヤツを見返してやりたい」など、思い切り自分に正直になって、自分が一番望んでいることを問いただしてみる。

勉強の成果として、その果実を手にした自分の未来図を思い描いてみるといい。そして、そういう自分になるための「大人の勉強」だということを腹の底に据える。

私の場合、勉強する目的は、多少格好のいい言い方になるが、「自分のやりたくないことを、やらないですませる」ためだった。

けである。

自分の好きなことだけをやって、それで食べていくためには、勉強が必要だったのだ。音楽の才能や運動神経など、特別の才能に恵まれなかった私が、自分の好きなことで食べていくには、勉強して売り物になる専門的知識を身につけるしか方法がなかったというわ

いうまでもなく、三〇代以降の「大人の勉強」は、長期戦になる。資格試験を短期の目的にする場合でも、合格後、その専門知識を生かす仕事につけば、さらに継続的な勉強が必要になる。

また、資格そのものがすぐに古くなってしまいやすい現代では、いつでも次を受けられる「臨戦態勢」を身につけていなければならない。そのために、つねに「勉強する姿勢」が必要なのだ。

人間は、自分の嫌いなことを続けられるほど、強い動物ではない。相性の悪い勉強を続けることほど、人生つらいことはないだろう。また、それは頭を悪くする原因にもなる。自分の人生計画に基づいて、自分が生涯学べそうなことをまず探すこと。それが、「大人の勉強」には不可欠になる。また、それが頭のよくなる生き方の基本である。

その意味で、「大人の勉強」の究極のアウトプットは、その人の人生そのものといえるのである。

2

「頭」のいい思考術

――「考える力」を三〇代からグンと伸ばす人

1 どうすればいいか――「論理的に考える」

「メタ認知」能力――「頭がいい・悪い」はこれで決まる！

頭をよくすること、または大人の勉強の最終的な目的は、知的なアウトプットをふんだんに生みだすことにある。

この章では、どのように頭を使えば「正しい解」にたどりつけるのか、「思考」の技術についてお話ししてみたい。上手に合理的に考えることは、頭をよくする生き方の最終的な目標といってもいい。

私が最近勉強している認知心理学では、人間の思考を「知識を用いて、推論を行なう過程」ととらえる。何らかの問題、課題に対して、これまでの経験や学習から得た知識をもとにして、あれこれ考え、頭のなかでシミュレーションして、問題解決のための答えを出すことが「思考」というわけである。

この認知心理学のモデルでは、知識は多ければ多いほど、豊かな思考が可能ということになる。

むろん、これは認知心理学を持ちだすまでもない話で、問題解決を図る人は、誰でも情報を収集し、本を読んで専門知識を身につけようとするものだ。

ただし、豊富な知識を持っていても、推論の技術が未熟だと、宝の持ち腐れということになる。堂々めぐりの思考をしたり、分析はできても具体的な解決策を提示できなければ、「あの人は、物知りだが、頭はあまりよくない」と人からいわれるような状態におちいってしまう。

そうならないための技術が、この本でいう「思考術」ということになる。

知識を利用した推論をめぐっては、さまざまな技術があるが、その第一歩として私がもっとも重要だと思うのは、「メタ認知」の能力である。

人には、十分な知識があって推論を組み立てるトレーニングを積んでいても、うまく考えられないときがある。それは、「メタ認知」が狂っている場合である。

メタ（meta）とは、「beyond」「among」などと同義の接頭語で、「メタ認知」という言葉の場合の「メタ」は、「上から」と理解するとわかりやすくなる。

意識的に一段高い場所に立って、自分の「知力の状態」について、客観的に認知し、把握してみるというような意味だ。

「知識、経験」があっても、こんなときは絶対に失敗する！

人間の思考は、驚くほど感情や立場にふりまわされてしまうものである。

同じ意見でも、日ごろからウマの合わない人物の発言であれば、その意見はくだらないものに思え、逆にふだんから仲のいい人の言葉だと、いい意見に思えてくるものだ。その評価の根拠に論理的な思考はなく、感情が判断を左右してしまっているのだ。

人間はとかく、「坊主憎けりゃ袈裟《けさ》まで憎い」、あるいは「あばたもえくぼ」となりやすい。すると、論理的な知力はまともに機能しなくなる。

だから、推論をすすめる前には、そういう自分の知力の状態を正確に把握しておくことが必要になる。感情の状態だけでなく、自分の知識の状態、思考技術の状態など、知力全体の能力をまず知っておく必要がある。

これは、ソクラテス流にいえば、正しく考えるためには「汝《なんじ》自身を知る」ことが不可欠ということになる。「汝自身を知れ」という彼の言葉は、「無知の自覚から真の認識が始まる」という趣旨だが、この有名な言葉を、私はメタ認知の重要性についてふれた人類最初のフレーズと解釈している。

現実に、知的に多少すぐれていたり、知識が豊富で経験を積んでいたとしても、メタ認知能力が欠けていると、感情、立場や状況に左右されて、誤った判断を下すことになりがちだ。

その失敗パターンはじつにさまざまで、たとえば、

①感情にふりまわされ、正しく考えられなくなる
②保身のため、間違った結論を導く
③自分の願望に沿う情報ばかりを収集し、そうでない情報を直視しない
④知識が多すぎる結果、経験則に縛られて、柔軟な推論ができない

というようなことが考えられる。これらが、この一〇年、経営が傾いた企業の経営者たちに共通した症状であることは、いわずもがなだろう。

いっぽう、メタ認知能力にすぐれている人は、「自分の認知が立場にふりまわされている」「これまでの知識にとらわれすぎている」「感情に左右されている」などという自己判断ができるから、自分の推論を矯正することができる。

「メタ認知」能力を高める法・三つの習慣

では、どのような視点で自分をかえりみれば、メタ認知の能力を高めていくことができるのだろうか。

第一には、現在の自分の心がどのような状態かを知ることだ。

とくに、思考する過程では、「好き嫌いなどの感情にふりまわされていないか」「自分の立場に有利な考え方をしていないか」という点をひんぱんに自己チェックしたい。

第二に、自分が何を知っていて、何を知らないかを自己確認することだ。

思考するとき、情報や知識は、いわば諸刃《もろは》の刃《やいば》といえる。足りないときにはむろん誤った結論を導きやすいが、逆に経験や知識が増えすぎたときにも、知識にふりまわされたり、経験則に縛られたりして、間違った結論にたどりつく危険性が高まるのだ。

経験は、思考の手順を簡明化し、問題解決をスピードアップするかわりに、思考をワンパターンにするマイナス要因にもなることもあるのだ。

第三には、自分ができることとできないことをはっきり区分けすることだ。

自分の能力の限界もわきまえずに、何でも自分でやろうとする人は、責任感の強い人で

まず、「メタ認知」能力を高めよう

知識・推論

＋

「メタ認知」能力

自分の「知力の状態」について客観的に認知する能力

「メタ認知」能力がないと、
知識・推論も“宝の持ち腐れ”
となる

的確な問題解決

「メタ認知」能力を高める視点

Ⅰ 自分の「感情の状態」をチェックする
今、自分の心は冷静か、動揺しているか

Ⅱ 自分の「知識の状態」をチェックする
今、自分が何を知っていて、何を知らないか

Ⅲ 自分の「能力の限界」をチェックする
今、自分ができることは何か、できないことは何か

はなく、メタ認知能力に欠けた人といえる。自分ではできないことが認識できていれば、人に助言や応援を頼み、結果的に問題は解決に向かうかもしれない。それも、立派なメタ認知の能力といえるのだ。

また、その個人にとって、自分一人では逆立ちしてもできないことに、心身の資源を投入するのはムダであり、けっして得策ではない。そのあたりの自分の能力の見極めも大事なメタ認知の能力といえる。

こうして、自分の知力の状態を正確にモニターできるようになれば、あなたの思考が正解に近づく確率はより高くなるはずである。

和田からのメッセージ——頭のいい思考術①

・推論の過程では、まず、自分の「感情の状態」「知識の状態」「能力の限界」をチェックせよ

2　どうすればいいか——「独創性をつける」

「0から1をつくる人」でなく、「1から2をつくる人」になる！

「思考」という言葉をめぐる大きな誤解は、「考えるためには、創造力や独創性が必要」という固定観念である。

たしかに、無から有を生み出すような創造力と独創性にあふれた天才が、きわめてまれに突然変異的に出現することはある。特定の専門分野だけでなく、すべての学問分野に影響を与えるような〝一世紀に一人クラス〟の大天才だ。

しかし、この本の読者には、おそらくそういう人はいないだろう。そういう天才中の天才は、頭の使い方や勉強法に悩んだりはしないはずだからである。

むろん、そういう私も、凡才だからこそ、頭の使い方などを研究しつづけ、こういう本を書くようになったのである。

しかし、無が有を生むような思考力に恵まれていないからといって、自分の非才を嘆く必要はない。一般社会で「創造力」「独創性」と呼ばれているものは、ほとんどすべて「改良する力」のことといっていいからだ。

私のいう改良力とは、現状の問題点を発見して、そこに修正を加える能力のことである。事実、独創的な発明と思われているものも、そのほとんどは既成の技術の改良・修正によって製品化されたものといえる。

たとえば、ワットの蒸気機関やスティーブンソンの蒸気機関車は、産業革命をもたらした大発明ということになっている。

ところが、「ワットがやかんの湯気から蒸気機関を思いついた」というのは後世のつくり話で、彼はすでに存在した蒸気機関の修理を頼まれたことをきっかけにして、「もっと効率的な蒸気機関をつくれないか」と考え、実用レベルにまでの改良に成功した人である。

また、スティーブンソンの場合も、彼以前すでに蒸気機関車の走行実験は何度も行なわれていた。しかし、それらの実験車は走行性が悪く、公開実験で垣根に突っ込むなど、失敗を重ねていた。

彼は、その失敗から問題点を発見し、はじめて実用に足る蒸気機関車の製造に成功したのである。

こういうエピソードを挙げればきりがない。

一般に創造、独創と思われているもののほとんどは、改良であり修正であり、すでにある知識と知識の新しい組み合わせなのである。模倣なくして創造はないといえ、新しい発想のほとんどすべては、すでにあるアイデアの新しい組み合わせで生まれてくるといっていい。

そういう意味で、私はまず、「独創性幻想」をかなぐり捨てるところから、むしろアイデアを生み出す力が生まれてくると確信している。

私自身、本質的な意味での創造力が自分にあると思ったことは、人生のなかでただの一度もない。ただし、研究者を志してからは、意識的に人があまり取り組まないこと、考えないようなことを自分のテーマとして考えるようにはしてきた。一般レベルでは、それでも十分に「ユニークな発想をする人」くらいにはなれるわけである。

このレベルでのオリジナリティであれば、すでにある知識を用いて考えるなかで、推論の幅を広げることで可能になる。私のような凡人でも、日ごろのトレーニングで到達できる領域だと思っている。

あなたも、何かのプランニングや問題解決を迫られたときも、一から自力で考えるという方法論はとらないほうがいい。

まず、いろいろな事例に学んで知識を増やし、そのうえで推論の幅を広げ、よりベターなプランを選択する方向で考えたほうが、正解にたどりつく可能性ははるかに高くなる。そして、「あの人は考える力がある」「頭がいい」と人から評価される確率も高くなるはずである。

●"外部のハードディスク"いくつ持っていますか?

最近の精神分析の世界では、人間の心の成長とは、対人関係の持ち方が発達することだという考え方が強まっている。

思考技術を身につけるうえでも、この意味での心の発達が必要である。よりよいプランに到達するためには、自分の思考に他人を巻き込み、人の知恵を借りる能力が必要なのだ。

とくに、問題解決を目ざす思考では、一人で考えるよりも、人の知恵を借りたほうが正解にたどりつく確率は確実に高くなる。

知識の量だけで考えても、これは自明のことだろう。

一人の人間が読める本の量、脳に詰め込める知識の量には、おのずと限界がある。一つの分野ではそれなりの専門家になれても、ほかの分野ではそうはいかないだろう。ところが、現実の問題解決にあたっては、一つの分野だけでなく、いろいろな分野の知識を必要とすることが多い。

現実問題として、チームを組んで知識の総量を増やしていかないことには、複雑な問題は解決できない。

そんなとき、自分の知識が乏しくても、その領域の知識を大量に持っている人と仲良くでき、その知識を借りられる人間関係があれば、他人の知識を外部ハードディスクのように用いることができる。

「三人寄れば文殊《もんじゅ》の知恵」というが、人の知恵を借りるのも、重要な思考テクニックの一つといえるのだ。

むろん、そういう円滑な人間関係をつくっていくためには、豊かな対人関係能力が必要になる。

逆にいうと、そういう対人関係能力が築けない人は、いくら知識やその他の思考力があっても、社会では成功できないことになる。そこから、生まれてきたのがＥＱ（いわゆる心の知能指数）という概念だといえる。現実社会には、ＩＱは高くても、社会で成功できない人が大勢いる。

なぜ、彼らは成功できないのだろうか——アメリカの心理学者たちが発したその問いから、彼らに欠けている能力として、ＥＱという概念が考えだされた。

もちろん、ＩＱとＥＱは対立する概念ではない。一人の人間が、双方を同時に備えられる概念であり、ＩＱが高いからといってＥＱが低くなるというものでもない。また、その逆が成り立つわけでもない。

他人の「アドバイス、批判」をどう聞くか——一生にかかわる大問題

具体的にいうと、ＥＱとは、次のような要素が集合した概念といえる。

第一に、自分の感情を正確に知ること。

第二に、その感情をコントロールできること。

第三には、相手の感情の状態を知ること。

第四に、楽観的にものごとを考えられること。

第五に、以上の要素によって、上手に対人関係をこなすこと、だ。

そういうＥＱ的な能力が育ち、対人関係能力が備わってくると、思考はいろいろな意味で円滑にすすみはじめる。自分のメタ認知をより正確に行なうことができるし、人の目を

自分のメタ認知に利用することもできるようになる。

ともかく、人間は感情的になると、自分のことがまったく見えなくなるものだ。そんなときは、他人に自分の認知パターンや感情状態をモニターしてもらうほうが、正確なメタ認知にたどりつく近道になる。

「ちょっと感情的になっているんじゃないか」「考え方がワンパターンだね」「こういう知識が足りないようだ」などとアドバイスされたり、批判されることが、思考をすすめるには必要なのだ。

そして、そういう批判を受け入れられる素直な人格を持つことが、思考をすすめるには不可欠になる。

人の話に耳を貸さない、人の批判を受け入れないようになると、推論はどんどんおかしくなっていき、結果的に頭もどんどん悪くなっていく。

また、資格試験や入学試験のような、一般的には個人的能力を試すと考えられている試験でも、人とうまくつきあえる人は結果的に成功率が高くなる。他人を情報源としたり、精神的サポートを得て、効率的かつ円滑に試験勉強をすすめることが可能になるからだ。

そのように、人の知恵を借りられるような人間関係をつくっていくには、心理学的にいうと、「共感」の能力が必要になる。

「共感」とは、一言でいえば、相手の感情を感じとり、理解する能力だ。自分の立場や主観だけでものを感じたり考えたりするのではなく、相手の立場に身を置いてみて考えたり、相手の感情を想像してみる。すると、人間関係はより円滑になり、豊かなものになっていく。

アメリカの自動車王ヘンリー・フォードは、「成功に秘訣というものがあれば、それは他人の立場からものごとを見ることができる能力である」という言葉を残している。

むろん、こういう共感の能力を身につければ、思考力だけでなく、交渉能力や説得能力も、よりハイレベルになっていくことはいうまでもない。

和田からのメッセージ——頭のいい思考術②

・「思考の第一歩」は模倣であり、その後、改良点を発見することである。「一から自分で考える」という発想は、思考の効率を落とすことにつながる

3 どうすればいいか——「問題解決能力を高める」

「一つの問題」に「いくつの解決策」を見つけられますか

世の中には、自分では頭がいいと思っている人がいる。

そんな人ほど、「単眼思考」におちいっていないかと自問自答してみたほうがいい。「単眼思考」とは、ものごとの一面だけに目を向け、正解を一つだけ求める思考法のことをいう。

最近、ある人と雑談しているとき、典型的な「単眼思考」に遭遇した。

彼は豊かな知識を駆使して、エネルギー政策についてはドイツの脱原発政策をほめ、穀物自給率に関してはフランスをほめあげた。そして、結論はとにかく「日本はダメ」である。しかし、彼の話からは、フランスが原発依存率ナンバーワンの国であり、ドイツ人一人当たりの二酸化炭素排出量が日本よりもはるかに多いことは欠落していた。

むろん、知識が豊かな人だけに、そういう話も知ってはいるのだろうが、そういう情報は彼のなかでは軽視され、とにかく結論は「日本はダメ」なのである。「単眼思考」におちいると、情報の選択がかたよったものになるという見本のような話だった。

おおむね、「単眼思考」におちいると、その意見は陳腐になり、「あの人のいうことはいつも同じ」と人から相手にされなくなることになる。

一般に、世間の常識、通説といわれるものは、人を「単眼思考」に誘うワナといってもいい。通説の虜《とりこ》になると、それを否定する新しい情報を受けつけなくなっていく。そして、思考は思考と呼べないものになり、頭はどんどん悪くなっていく。

逆にいえば、「単眼思考」におちいった頭からは、陳腐な紋《もん》切り型の通説以上の結論は出てこなくなる。それは、往々にして、問題の解決をさらに遅らせることになる。

そこまでの重症ではなくても、現実の問題解決をめぐって、人は「単眼思考」的な状態になりがちだ。

たとえば、あるスーパーマーケットで魚が売れなくなったとしよう。

そのとき、魚の値段が高いからだと思い込むと、安売りという解決策しか思いつかなくなる。ところが、魚が売れない理由は値段だけではないかもしれない。鮮度が問題かもしれないし、そもそも魚が売れないという一面だけを見ることからして、「単眼思考」におちいっているかもしれない。その分、別の食品がよく売れているかもしれないのだ。

そういう具合に多面的に考えると、売り場面積の修正など、販売方法の全面的改善という結論に行きあたるかもしれない。自分の固定観念から問題点を絞り込んでしまうと、たちまち「単眼思考」におちいり、問題の本質的な解決は遅れることになるわけだ。

●「かつて売れたもの」「これから売れるもの」どう結びつけるか

とにかく、何ごとかを考えるときは、人間には「単眼思考」におちいりやすい傾向があることを自覚しておいたほうがいい。

とくに、何ごとかの「ベテラン」と呼ばれる人ほど、「単眼思考」に対する警戒心を高めておくことだ。豊かな知識や経験は、往々にして「単眼思考」を誘うのだ。

たとえば、ベテランの開発担当者が、「そういうアイデアは売れないんだ」と若手担当者に言う場合がある。

しかし、そういう経験知だけでものをいうのは、過去にそういう商品は売れなかったという面だけに目を向けた「単眼思考」といえる。世の中は動いている。過去に売れなかったからといって、現在も売れないとはかぎらない。「単眼思考」から脱け出すには、ものごとにはいろいろな側面があることを十分に自覚しておくことだ。

一見、プラスの事柄にもマイマス面があり、マイナス情報にもプラス情報がひそんでいる。そういう立場でものごとを考えれば、自然に「単眼思考」から脱け出し、「複眼思考」が行なえるようになる。

たとえば、経験知からいえばダメなアイデアでも、若い人がアイデアを新たに出してきたという面に目を向ければ、そこには時代の流れを背景にしたヒット商品のヒントがひそんでいるのかもしれない。

また、自分で何かをプランニングするときには、自分としてはそのアイデアが素晴らしいものに思えたとしても、「複眼思考」的に考えると、長所と同時にそのリスク面が見えてくるものだ。そして、なるべく多くのリスクを想定し、そのリスクをすべてつぶす手段を考えれば、プランが成功する可能性はぐっと高くなる。

なお、人間は「勉強」をめぐっても、往々にして「単眼思考」におちいることは知っておいたほうがいい。

たとえば、「英語のテストで点がとれないのは、単語を知らないからだ」と思い込む。すると、単語集の暗記に時間をかけるという問題解決法ばかりにこだわることになり、長文を読む時間がなくなったりする。すると、いつまでたっても長文問題が解けずに、得点力はアップしないというような状態におちいるのである。

勉強法を考えるときにも、自分の力はなぜ伸びないのか、いろいろな面に目を向けて、「複眼思考」で考えることだ。とくに、ただでさえ忙しい三〇代以降の人間が勉強に取り組む場合は、その柔軟な姿勢が必要だ。

●「形容詞」でなく「数量」で考えるクセをつけよ

さて、業務上の改善など、問題解決のための思考をするときは、まず、現状を正確に把握することが前提条件になる。

現状把握の時点で間違った情報を集めてしまうと、正しい問題解決法に到達することはありえない。不良債権の実態がわからなければ、不況が一〇年以上続いたところで、その解決策は見えてこないわけである。

問題解決のためには、まず正確な情報を集め、正しい知識を頭に入力する必要がある。しかし、いうはたやすいが、正確に状況を把握することは、非常にむずかしい作業だ。現状認識には、過大評価、過小評価がつきものであり、そのせいで問題解決のタイミングを逸することになったり、問題をさらにこじらせることになりがちだ。

過大評価、過小評価を招く一つの原因は、私は「形容詞の濫用」にあると考えている。

形容詞は、言葉のなかでもとくにあいまいな存在であり、「大きい」「高い」「長い」といっても、どれくらいの大きさ、高さ、長さかはわからない。

ある人にとって「大きい」ものが、別の人には「小さい」場合もある。景気が「悪い」といっても、どれくらい悪いのか、形容詞でとらえているあいだは、実相を把握したことにはならない。「巨額の不良債権」というのと、「一〇兆円」というのでは、問題解決策はまったく異なってくるはずである。

必要なのは、形容詞に惑わされない、ものごとを「定量的に考える」姿勢である。

一口に景気が悪いといっても、どれくらい悪いのか。数量で考えられるような情報を集め、その数字に基づいて考えることだ。数字は、客観性にたどりつくための、もっとも強力で明快な手段といっていい。将来を予測するうえでも、見通しを「明るい」「暗い」と形容詞で考えるのではなく、数字で考えることである。

そうした定量的な情報を持ったうえで、「複眼思考」を行なうことだ。

時間を短縮する「比較的にとらえる」という方法

また、問題解決を目ざす思考の場合には、現状をさまざまな視点から「比較的にとらえる」方法が有効だろう。

たとえば、今の状況が過去のどんな状況と似ているのかと考えてみる。

歴史は繰りかえすという言葉もあるが、「問題」には一定のパターンがあるものだ。過去と比較すれば、どういう点が類似し、どういう点が違うのか、問題点が明確になってくる。すると、過去の問題解決法を改良することで、問題解決のスピードアップを図ることができる。

また、比較的に考えるときは、地域的な比較も有効な方法になる。

「アメリカではどうなのか」「他社ではどうなのか」「別の店ではどうなのか」と考えてみる手法だ。すると、別の地域の問題解決法が参考になり、プランを効率的に考えることができるものだ。

時間的な比較にせよ、地域的な比較にせよ、一般に、比較するモデルがほかにあるときの思考は容易になるものだ。

むずかしいのは、類似例が乏しい場合である。今の日本経済においてなかなか問題解決法を見いだせないのも、バブル以前のキャッチアップ時代と違って、比較するモデルがなくなったため、また、デフレスパイラルという、ほとんどの人間には〝未体験ゾーン〟に突入したため、処方箋《せん》を書けずにいるという面がある。

むろん、比較して考えるときも、極力定量的に比較し、数字で比較するという態度が必要であることはいうまでもない。

そして、現状を比較的にとらえる場合も、「単眼思考」におちいらないように、自分の思考内容をたえずチェックすることだ。

具体的には、一つか二つか比較して結論に飛びつかないことである。ほとんどの現象は、複雑な因果関係に基づいて起きている。その点を忘れて、一つの点に目を奪われると、思考が硬直し、誤った解決法を生むことになる。

正しい答えを出すためには、正しく現状を見る必要がある。そのために「比較法」を用いるわけで、とりあえず多くの比較例を用意し、多くの視点で現状と向き合う必要がある。

逆説的にいうと、つねに自分の思考を疑い、正解は一つではないと考える態度が、正解にたどりつく近道といってもいい。とことん、複眼的に考えることが必要なのだ。

和田からのメッセージ——頭のいい思考術③

・現在のアイデアにモデルがあるときは、〝時間的〟〝地域的〟に比較して考えよ

4 どうすればいいか──「説得力・表現力・文章力を高める」

「型にはまった文章」を書く！──上手な文章のコツ

さて、思考や勉強の成果結果は、最終的には文章として表現しなければならないことが多い。

論文、報告書、企画書、資格試験の論述問題の答案など、いずれも思考の果実を文章にまとめることになる。

だから、ある程度は文章が書けないと、思考の成果をアウトプットできないばかりか、人に正確に伝わらず、正当に評価してもらえないことになる。正当な評価を得られなければ、当然、心理的に腐ることになり、その後、勉強したり考えたりする意欲が失われることにもつながって、頭を悪くする原因にもなる。

また、口頭で思考の結果をプレゼンテーションするにしても、そこには人を説得する論理性がなければならない。論理を語る技術は、文章をつづる技術と、相当重なりあった部分がある。そういう意味で、文章力は思考をしめくくり、人に伝えるうえで、かなり重要な技術になる。

むろん、ここでいう文章力とは、美文名文を書く技術のことではない。単に、自分の考えを文章としてわかりやすく表現する力のことだ。

いうまでもなく、この二つはまったく異質のものだ。

世の中には、意味のとりにくい名文もあれば、文章技術的には稚拙《ちせつ》でも意味のとりやすい文章もある。

たとえば、評論家の立花隆さんは、編集者のあいだでは「文章はけっしてうまくない」とささやかれている。文章のレトリックややわらかさという点では、もっとうまい書き手は大勢いるそうだ。

しかし、立花さんの書く文章は、その情報量の豊富さ、論理の緻密《ちみつ》さでは、他を圧倒している。その分、説得力があり、わかりやすく、読者から大きな支持を受けてきたというわけである。

そういう私も、けっして文章がうまいとはいえないだろう。若いころから文芸作品と呼ばれるものをあまり読んだことがないし、美文名文と呼ばれる文章にほとんどふれていない。また、特別の文章修業をしたこともない。

それでも、若いころから論説本を書いてきたことが、しぜんにトレーニングになってきたのか、編集者からはまずまずわかりやすい文章を書くと見られているようだ。

私は「わかりやすい文章」を文章トレーニングの目的とするなら、誰にでも書けるようになると思う。

そのコツは、あれこれ凝《こ》ったことを考えないで、「型にはまった文章を書く」ことだ。じっさい、欧米の高等教育では、論文の書き方など、型にはまった文章をいっぱい書くアウトプット・トレーニングをする。

現実に私が雑誌などに発表している文章の構造は、ほぼワンパターンである。

最初に、問題を提起し、次にその問題提起に対する自分の意見を述べる。そして、自分の知識と参考文献の引用などでその意見を補強し、最後に結論をまとめる。むろん、内容は毎回変わるわけだが、文章の骨格はいつもこの方式である。

●「四〇〇字×二五枚」の原稿を書く場合、あなたならどうする？

具体的に、私がどのようにして原稿を書くか、月刊雑誌に論文を書く場合を例にとって内幕を披露してみよう。

月刊雑誌からは、締め切りの二週間くらい前に、四〇〇字詰めで二五枚程度の原稿を依頼されることが多い。

その時点で、テーマと結論はほぼ決まっている。教育問題にせよ経済問題にせよ、近年、私の主張はある程度知られてきているので、原稿を依頼するとき、編集者にも結論はほぼ見当がついているのだ。

締め切りまでの二週間のうち、一週間から一〇日間を、私は思考を発酵させる時間に当てる。思考を発酵させるといっても、特別のことをするわけではない。ふつうに本を読み、雑誌をながめて、テレビを見ているだけだ。

それでも、依頼された原稿のことが頭の隅にある以上、外部情報に対する目的意識は明確になっている。注意力の方向が定まっている分、新聞を読んでもテレビを見ても、関連する情報に敏感になり、記憶力もよく働いている。具体的にいえば、原稿に関係する〝時事ネタ〟を頭が勝手に拾ってくれるのだ。

また、この時期は、最初の問題提起の部分をどう書くかを、漠然と考えていることも多い。

「文章は書き出しが大事」というのは、多くの文章読本にも載っている話だが、たしかにそれは文章作成の鉄則といっていい。最初からおもしろくない話を書けば、てきめんに読者にそっぽを向かれてしまう。そこで、どう読者を引き込むか、最初をどうおもしろく書くかについては、私なりに注意を払っている。

そして、一週間ほどたつと、原稿依頼があったときに、編集者に頼んでおいた資料が集まってくる。

そこで時間をつくって書きはじめる。じっさいに原稿を書くのは、丸一日である。ある程度のトレーニングを積めば、一日二十五枚で書けるようにはなるものだ。

ただし、これは書くことがすでに頭のなかで十分に発酵している場合で、書くことがないのにムリに書こうとすれば、スピードは格段に落ちてしまう。

たとえば、犬を飼ったことのない私が、「犬と私」という文章を書こうとすれば、一日かかっても何も書けないだろう。「文章が書けない」「遅い」というのは、書く内容がないことが原因であることが多い。

理想的には、二五枚の原稿なら三〇枚以上書いて、そこから削っていくのが望ましい。また、第一稿を書いてから、数日間は手元に原稿を置いておき、さらに思考を発酵させてから、文章を削っていくと、私なりにベストといえる文章が書けるようだ。

私は、「型にはまった文章」を書くトレーニング法としては、大学受験用の小論文テキストが最適だと思う。文章力をつけたい人は、その例題、出題にしたがって、じっさいに文章を書いてみるといいだろう。
最初のうちは、八〇〇字でも一〇〇〇字でもいいから、一週間に二、三文ずつ自分の考えを文章としてまとめてみる。
二、三カ月もすれば、文章を書くことが苦にならなくなった自分を発見することになると思う。これぱかりは、「習うより慣れろ」である。
なお、〝筆記道具〟には、パソコンかワープロを使うこと。手で書くのに比べれば、文章作成のスピードが断然上がる。現代においては、キーボードをマスターすることが、文章作成の基本技術になる。

和田からのメッセージ——頭のいい思考術④

・「うまい文章」を書きたければ、まず、キーボードに習熟せよ

3

「頭」のいい記憶術

——「覚える力」が伸びる人、伸び悩む人

1 「二〇代の記憶力」より「三〇代の記憶力」が伸びるケースとは？

●「頭がよくなる生き方」「悪くなる生き方」——ここで分かれる！

やや専門的になるが、私が「頭がいい」とか「頭をよくする」というときは、認知心理学の「記憶」や「思考」に関する考え方をベースとしている。

認知心理学は、コンピュータの出現以来、その入力、情報処理の方法などをヒントにして進歩してきた学問分野で、人間の知的な活動を「精神の働き」「知性の輝き」などと抽象的にとらえるのではなく、きわめて具象的に「情報処理過程」としてとらえる。

コンピュータでいう入力過程は人間の記憶、情報処理は思考過程に当たると考えるわけだ。そして、人間の思考とは、「知識を用いて推論を行なうこと」と理解する。

記憶した知識を用いて、正しい推論を行ない、知的なアウトプットを生み出す——それが、この本でいう「頭をよくすること」、または「大人の勉強」の最終的な目的といえる。

そして、そのような知的作業を行なえることが「頭のよさ」であり、それを人生の目的の一つにすることを「頭がよくなる生き方」と定義したい。

これらは、三〇代以上の大人にとっては、ごくしぜんな考え方といえるだろう。最終的に知的なアウトプットを目的としない勉強には、社会人にとってほとんど意味はない。いくら知識を増やしたところで、ただ知っているだけでは、単なる「ディレッタント」「物知り」であり、とても「頭のいい人」とはいえない。

ただ記憶を蓄えているだけでは、仕事ができるようにもならないし、収入も増えなければ、社会的な評価も上がらない。

むろん、その知的アウトプットには、いろいろな形が想定できる。資格試験を目ざしている人は「(合格点以上の)答案」というアウトプット。仕事上の必要に迫られて専門分野を勉強している人は仕事のスキルの向上、業務上の問題解決というアウトプット。また、身につけた知識をベースとして、専門的な論文を書くことを目標にする人もいるだろう。

そのようなアウトプットを生み出すためには、効率的に記憶した知識をベースにして、頭を正しく働かせて思考し、その考えた結果を文章なり言葉にして出力するテクニックを身につけなければならない。

記憶し、思考し、アウトプットする――その全体的なテクニックを効率的に磨く方法が、この本のタイトルでもある「頭のいい勉強術」といえる。

これから紹介する三〇代以降のための記憶術は、その第一ステップなのである。

●記憶効率——三〇代は〝コントロール〟と〝変化球〟で勝負せよ

記憶は、当然のことながら、「脳」という人間に与えられた情報処理用の〝道具〟を使って行なう。

むろん、道具をうまく使いこなすには、その道具についての正確な知識が必要になる。だが、パソコンという外部の情報処理機器について、くわしく知っている人は多いが、人間固有の情報処理システムである脳について、きちんとした知識を身につけている人は意外に少ない。

これは、じつに残念な話である。

そもそも、人は自分の体についてよく知っているものだ。「季節の変わり目には、風邪をひきやすい」「胃腸があまり強くない」「春は花粉症に悩まされる」など、具体的な知識を持っている。その前提の知識として、心臓が全身に血液を送り、肺で酸素をとり込み、胃腸で食物を消化するという知識を常識として持っている。

だが、「脳」に関しては、その程度の最低限の知識さえ持ちあわせることなく、日々を過ごしている。これは、じつにもったいない話なのだ。

うまく記憶し、勉強し、合理的に思考するには、脳がどういうしくみで情報を処理するのか、どう使えば効率的なのかを最低限知っておく必要がある。

たとえば、長いあいだ現役を続けているプロ野球のピッチャーは、若いころは速球で押しまくっていても、ベテランになって球威が衰えると、コントロールと変化球で勝負するようになる。速い球を投げるという投手としての基本的な能力の衰えを、テクニックでカバーするようになる。

「記憶」という能力に関しても、似たようなことがいえる。個人差はあるものの、一般的にいって大人になると記憶力が衰えていくことはいなめない。

その分、大人が勉強するためには、子ども・学生時代の勉強よりも、衰えた記憶力をカバーする「記憶術」の現実的な活用が重要になる。記憶力の衰えをテクニックと方法論で補う必要があるのだ。

ただし、「記憶術」といっても、〝プロの記憶術者〟が行なうようなランダムな名詞や数字を記憶するといった特殊な方法は、現実の勉強や思考にはほとんど役立たない。

私も若いころ、そういう〝驚異の記憶術〟式のテクニックに興味を持って、何冊かハウツウ書を読んでみたことがある。要約すると、その方法論は、「ペグワード法（peg＝釘を打つ）」と「イメージ法」に分かれるが、それらはきわめて特殊なシチュエーションでしか使えない技法といえる。

短時間に一〇〇個の単語の羅列を覚えることは、現実の人生にはありえないだろうし、円周率を一万桁覚えても、試験の合否や思考能力の改善には、ほとんど意味がないだろう。いわゆる〝驚異の記憶術〟は、記憶の技術を考えるうえで多少のヒントにはなるにしても、現実の勉強法への応用はほぼ不可能なのである。

結論をいうと、頭をよくするためには、やはりそのための記憶ノウハウが必要になる。とくに、大人にとっては、そういう技術が不可欠だ。

たとえば、子ども・学生時代のように、機械的な暗記力に頼って「何でも覚えればいい」とばかりに、力まかせに正面攻撃しては、子どもに太刀打ちできるわけがない。たちまち、玉砕することになる。

もっといえば、「脳のしくみを知る」ことは、究極的な意味で「自分を知る」ことだと、私は思っている。

中国の兵法家、孫子は「彼を知りて己《おのれ》を知れば、百戦して殆《あや》うからず」と説いたが、己を知るには、まず自分の脳についてよく知ることが必要だと、私は思う。

●まず、「短期記憶」を「長期記憶」に変える！

さて、脳の機能にアプローチするには、現在のところ、二つの有力な学問分野がある。脳科学と先に紹介した認知心理学である。勉強の効率を上げるには、この二つの学問分野から最低限の知識を仕入れておいたほうがいい。

まず、記憶に関する基礎知識として押さえておきたいことは、記憶には「短期記憶」と「長期記憶」の二種類があることである。

人間は、目や耳などの感覚器官を通じて、膨大な外部情報を脳にとり込んでいる。ぼんやり街の風景をながめていても、空の色、建物の形、街行く人々、その様子、ざわめきなど、感覚器官は膨大な情報を吸収している。

しかし、特別の注意を払っていないかぎり、その情報のほとんどは、瞬間的に消えていく。視覚情報が網膜の残像としてそのまま保持されるのは一秒以下、聴覚情報でも数秒間にすぎない。

そのなかから、関心の対象となる情報、興味をひいた情報が「短期記憶」されることになる。たとえば、街の風景のなかに美人を発見すれば、その姿をしばらくは記憶することになる。だが、その保持時間も、せいぜい一分間程度でしかない。

むろん、「短期記憶」の能力は、あなたの暮らしや仕事におおいに役立っている。もし「短期記憶」の力がなければ、あなたは電話もかけられなければ、電車の切符を買うこともできなくなる。

たとえば、電話をかけるとき、手元のメモを見てダイヤルをプッシュする。その数秒のあいだ、あなたはその番号を記憶しているわけだ。電話をかけ終われば、忘れてしまうにしても、「短期記憶」の能力がなければ、正確に数字をプッシュすることはできない。

電車の切符を買うにしても、表示板を見上げて料金を一九〇円と確認する。そして、財布を開き、自動券売機に必要なコインを放り込む。そのあいだ、あなたは一九〇円という数字を記憶しているわけだ。

そういう意味では、「短期記憶」の能力は、人間が人間であるためには、必須《ひっす》の能力といってもいい。

ただし、一分間程度しか記憶していないような〝知識〟は、思考や勉強の役にはまったく立たない。たとえば、資格試験を受験する場合、勉強を始めてから試験に合格するまで、短くても数カ月、長い場合は数年の単位で記憶したことを保持しておく必要がある。

また、業務上の問題について考える場合でも、長期に記憶している知識が思考のベースになる。問題解決用の思考に役立つのも、長期に記憶している知識、要するに「よく知っていること」が中心素材になる。

ここで、一つ確認しておくと、医学的、心理学的な専門用語としては、「長期記憶」という言葉は、「短期記憶よりも長い記憶すべて」を意味する。つまり、一分間以上覚えている記憶は、「長期記憶」ということになる。

しかし、一分はおろか、一〇分や一時間記憶していたところで、思考や勉強の役には立たない。思考の材料になり、また勉強をすすめるうえで役に立つのは、最低でも数カ月は頭にとどまっている記憶である。

そこで、この本では、「短期記憶」よりは長いが、すぐに忘れてしまうような記憶のことを「中期記憶」、最低でも数カ月以上は頭に残る記憶のことを「長期記憶」と呼ぶことにしたい。

私のいう思考用の記憶術とは、「短期記憶」や「中期記憶」を「長期記憶」に変えていくテクニックといってもいい。「短期記憶」はむろんのこと、「中期記憶」も思考には役立たないのだ。とにかく、人間は忘れる動物である。覚えたつもりのことでも、時間がたてば、その歩留《ぶどま》りは確実に悪くなっていく。

たとえば、どの新聞でもよいが、あなたは今朝の新聞の一面トップ記事の見出しを覚えているだろうか。「たしか、読んだはずだが」という人でも、はっきり思い出せる人はそう多くはないだろう。私自身、今、この原稿を書いてみて思い出そうとしたのだが、はっきり思い出すことができない。

人間の記憶力なんて、しょせんそんなものである。「読んだつもり」「覚えたつもり」程度の記憶は、しょせん「中期記憶」であって、それだけでは「長期記憶」には育たない。それでは、資格試験には合格しないし、問題解決のための思考もうまくはすすまないのである。

●はじめての情報──「理解」と「反復」を使い分けよ

思考・勉強用の記憶術は、大きく二つの段階に分かれる。

①外部の情報をとりあえず「中期記憶」に変えるテクニック
②「中期記憶」を「長期記憶」に育てるテクニック

である。もっと簡単にいえば、

①とりあえず、情報を効率よく頭に叩き込む技術
②頭に入れたことを忘れないようにする技術

ということになる。そして、それぞれの段階には、その技術のバックボーンとなるキーワードがある。①の段階は「理解」、②の段階は「反復」である。

まず、「中期記憶」をつくるテクニック、「理解」とはどういうことなのか、そのことについてお話ししてみよう。

たとえば、日本史や世界史は単純な暗記物と思われがちだが、むろん、そこには流れがあるわけで、一つひとつの事象は密接に結びつき、相互に関連しながら、歴史は動いていく。その流れを理解すれば、一つひとつのできごとや人名、地名などを記憶するのも、比較的容易になる。

また、英単語も、機械的に暗記するしかないと思われがちだが、ある単語が別の単語の派生語であると理解すれば、記憶の入力は容易になり、その記憶は頭のなかにとどまりやすくなる。

電話番号でも、「××××－5931」という番号を「ゴクミ一番」とでも覚えれば、

記憶しやすいし、しばらくは忘れないだろう。それはそれで、その情報を自分なりに理解したことになる。

こういった理解力は、「大人の記憶術」には不可欠の武器といえる。

そもそも、理解を伴わない丸暗記式の記憶術では、大人は子どもに太刀打ちできない。昔は、『万国びっくりショー』のような番組に、記憶自慢の子どもがよく登場したものだ。「世界の国旗を全部覚えている」「東海道本線の駅名をすべて暗唱できる」というような子どもたちが登場したわけだが、本当のことをいえば、あれは「びっくり」でも何でもなかったといえる。

むしろ、子どもだからこそ、ああいった単純な暗記が可能なのであって、大人なのにできるという人のほうが、むしろ「びっくり」という言葉に値《あたい》する。

意味もろくに理解できないことを、機械的に暗記していく力は、大人より子どものほうが圧倒的に上なのだ。

その証拠に、トランプ遊びの「神経衰弱」をすると、大人は子どもに太刀打ちできない。私も小学校低学年の娘にころころ負ける。この国の教育課程では、小学校低学年で、掛け算の九九を覚えさせることになっているが、これも機械的な暗記に最適の学齢期に合わせているという意味もある。

●なぜ「数学は暗記」なのか

外部情報をとりあえず中期的に記憶するには、「理解」することが必要である。

残念な話だが、これまで私の記憶に関する考え方は、多少の誤解を持って受け止められてきた面がある。

私は以前、大学受験生向けに『受験は要領』（PHP文庫）という本を書き、「数学は暗記だ」というコンセプトを提唱した。数学の問題をいちいち時間をかけて自分で解いていくよりも、初学のあいだはどんどん解答を見て解法を暗記したほうが、はるかに短期間に得点力が増すという受験数学用の勉強法である。

考えてみれば、これは当たり前のことだろう。

受験数学は、一定の枠組み、ルールのなかで出題される思考問題であり、その意味では将棋や囲碁とよく似ている。将棋や囲碁では、自分で一手一手考えて指すよりも、定跡（定石）を覚えたほうがはるかに短期間に強くなる。そのトレーニングの方法論を受験数学に応用しただけのことである。

その事実上の私の処女作はベストセラーになり、「数学は暗記だ」というコンセプトは多くの受験生に衝撃を持って受け止められたようだ。

しかし、私の予想に反して、困ったことが起きた。

受験生のなかに、数学の解法の意味をまったく理解しないで、何かの呪文《じゅもん》のように解法を丸暗記する人が現れたのである。極端な例では、$y=x^2$のグラフも書けないのに、積分・微分問題の解法を丸暗記するような受験生が本当に現れたのだ。

むろん、それでは、どんなに解法を暗記したところで、入試問題が解けるようになるわけがない。

また、それ以前の問題として、解法の意味や手順を理解しなければ、それは呪文のような数字とローマ字、符号の羅列であって、そもそも記憶することが不可能だろう。

将棋の高段者が数多くの棋譜を暗記できるのは、そこに一定の論理があり、その流れを理解しているためである。名人、竜王でも、絶対ありえない駒の配置を記憶することはできない。プロの棋士にも、悪手《あくしゅ》だらけで、論理的に理解不能な素人将棋の棋譜は暗記できないのである。

むろん、私が「解法を暗記せよ」といったのは、「解法を〝理解〟して暗記せよ」という意味である。それではじめて、記憶した情報は、応用の利く知識に変わる。残念ながら、そのことが一部の受験生には正確に伝わらなかったようだ。

●「単純記憶力の低下」は、どうリカバリーすればいいか

そもそも、「知的なアウトプットを生み出す」という記憶の目的からいっても、機械的に記憶した知識は、非常に使いにくい状態にあるといえる。

外部に無数に存在する情報は、理解を伴う入力によって、はじめて思考の材料に使える知識になる。理解とは、ただの情報を自分が思考の素材として活用できるパーソナルな知識に変える作業だといってもいい。

いくら情報を集めても、それが知識化されないと、思考には利用できないのだ。まして、その思考を言葉や文章にして、アウトプットすることは非常にむずかしい。

もう一度確認するが、記憶（暗記）と理解は相反することではない。むしろ、効率よく記憶するためには、理解することが不可欠である。要は、勉強とは、「暗記力か理解力か」「暗記力か思考力か」という二者択一の問題ではないのだ。そういう問題設定には、まったく意味がない。暗記するためには、よく理解することが必要なのだ。

いっぽう、その逆も真なりで、理解するには記憶の援助が必要になる。

一般に、大人になると記憶力は衰えるが、なかにはかえって記憶力が伸びるケースもあ

る。大人ならではの理解力を、記憶の入力にうまく利用できた場合だ。

たとえば、僧侶のなかには、若いころは、なかなかお経を覚えられなかったのだが、三〇代以降、僧侶としての経験を積むにつれて、経典を覚えるスピードが速くなってくる人があるという。経典の真意をよく理解できるようになるためだ。

最近、司法書士試験に受かった友人から、次のような話を聞いた。

彼は法学部出身なのだが、学生時代は民法が苦手で、司法書士の試験に二度落ちたという。ところが、資格をあきらめて、大学卒業後、企業に勤めると、法務を担当する部署に配属された。それから十数年、リストラが視野に入ってきた世代になって、資格試験に再度チャレンジする気になり、あらためて法律書を読みはじめたところ、苦手の民法がすいすい頭に入ってきたという。

彼の場合、十数年の実務経験が、法律に対する理解力を増していたといえるだろう。

以上のようなエピソードからいえることは、大人の武器である理解力とは、これまで積み重ねてきた経験、あるいは知識から生まれるということである。

大人になると、単純な記憶力は落ちていても、脳に蓄積されている知識は、子どもや学生のころよりも増えている。

私自身、二〇代のころの私よりも単純な記憶力は落ちているが、この間、知識を蓄えてきた分、医学や心理学に関する知識は若いころよりも圧倒的に増えている。

私が、「大人のほうが子どもより理解力がすぐれている」と断言するのは、大人のほうがすでに豊富な知識を持っているからである。新しい情報を古い知識に結びつけて受け入れる能力で、子どもをはるかに凌駕《りょうが》するからだ。

●理解力を確実に高める法——「新しい情報」は「古い知識」と結びつける！

私は、「理解とは、新しい情報を古い知識と関連づけて受け入れること」だと考えている。すべての理解は、古い知識の上に成立しているといってもいい。

足し算の知識がないと、引き算は理解できない。掛け算を知らないと、割り算は理解できないだろう。極端な話、あなたがこの本を読んで理解できるのは、日本語という知識を持っているからである。

この世の中、まったく新しい情報のように思えることでも、そのうちの八割か九割かは、すでに知っていることなのである。そうでないと、いきなりスワヒリ語を読まされるようなもので、人間は新しい情報を理解できない。

大人が記憶する場合には、この古い知識を生かすという作業をできるかぎり意識的に行なうことだ。たとえば、英単語を暗記するときでも、古い知識に結びつけ、理解しながら記憶することは可能だ。

「beauty」という単語をはじめて目にしたとき、「beautiful」の名詞形だと気づけば、その単語を〝理解〟したことになる。その分、記憶の入力は容易になるし、記憶が長く保持される可能性は高まる。

これは、むろん「beautiful」という単語を知らなければ使えない記憶法である。古い記憶の力で、新しい情報を効率的に記憶し、保持したといえる。

また、資格試験の勉強をするときには、まず大ざっぱに全体像を理解して「記憶の幹」をつくることが有効な方法になる。

入門書を読むとき、最初は細部を気にせず、全体を通読して、まず大まかに理解することにつとめる。その後、重要そうだと思ったこと、太いゴシック活字で書いてあることを集中的に記憶していく。こうやって記憶の幹をつくっていくと、細かな情報は格段に入力しやすくなる。

資格勉強にかぎらず、記憶を増やしていく作業は、樹木の成長過程とよく似ている。樹木は、しっかりした幹がないと、枝葉を伸ばすことはできない。枝葉が伸びなければ、花が咲き、実が実ることもない。記憶もそれと同じで、まずは大筋を知り、それを自分の

〝知識の幹〟としたうえで、枝葉の情報を覚えれば、記憶の歩留りは格段によくなっていく。

●記憶してから「九時間以内」に何をするか

さて、思考・勉強用記憶術の第二ステップに入ろう。

一度覚えたことを忘れないようにするには、どうすればいいのだろうか。

何度もいうが、人間はとにかく忘れる動物である。理解を伴わない「短期記憶」は、たちまち失われてしまう。

だが、理解し、記憶したつもりの「中期記憶」もまた、失われてしまうのである。とくに、三〇代にさしかかると、「たしか覚えたはず」「知っているはず」という感覚があっても、記憶そのものは出てこないという状態になりやすい。頭をよくするための最終的な目標である「長期記憶」に育っていないためである。

「長期記憶」として定着させるための方法論は、たった一つしかない。「反復」すること、要するに「復習」である。

ご存じの方も多いだろうが、「エビングハウスの記憶実験」と呼ばれる心理学上の有名な実験がある。時間の経過と忘却率の関係を調べたもので、「記憶の保持率は時間軸と対数曲線を描いて低くなる」という法則として知られている。

とくに、記憶してから九時間までのあいだに、記憶の保持率は急速に低下する。覚えたつもりの「中期記憶」がどんどん消えてしまうわけだ。

しかし、その「中期記憶」がまだ残っているあいだに反復学習すると、記憶の保持率が飛躍的に高まることもわかっている。

私は、これまで受験生には、夜の勉強で記憶したことは、翌朝に復習しなさいと勧めてきた。学生時代、家庭教師や塾の講師をしていたときは、自分の経験からいってその方法が有効だからという理由で勧めていた。のちに、心理学、脳科学を勉強してからは、理論的にも明らかに有効であることを知って、さらに自信を持って勧めてきた。

この「早朝復習法」は、とくに英単語の記憶など、比較的理解を伴わない暗記物ほど有効になる。逆にいえば、理解の程度が低い場合は、放っておくと覚えたつもりでも、それほど忘れやすいということになる。

しかし、翌朝に復習しても、それだけではまだ人間は忘れてしまう。一度復習しておけば、いったん記憶している確率が高くなるのだが、その後、一カ月前後たったころから、記憶の歩留りが格段に悪くなってくる。

そういう現象と深く関係しているのが、脳内にある「海馬《かいば》」という部位である。

和田式・記憶術――効率のいいプロセス

プロセスⅠ「理解」

「情報」をまず「中期記憶」に変える!

「記憶したいこと」を効率よく頭に入れるために、まず全体像、全体の流れをおおまかに理解して“記憶の幹”をつくる

9時間以内に

プロセスⅡ「反復」

次に「中期記憶」を「長期記憶」に変える!

一カ月に一、二度復習して、“幹”だけでなく“枝葉”の記憶をも強化する

「海馬」は、いわば「中期記憶」のたまり場といえる。理解され、「中期記憶」化された情報は、いったん海馬に送り込まれ、そこでしばらくのあいだ、保持されている。

そして、海馬は一カ月ほどのあいだに、送り込まれてきた情報を、さらに長く保持する知識とそうでない情報にふるいわける。最終的に何を覚えておくか、「長期記憶」に残すかどうかは、この海馬で決められる分けである。

そして、重要なことは、「中期記憶」が海馬にとどまっているのは、長くても一カ月ということだ。要するに、よく理解して記憶したつもりでも、その翌日に復習していても、それだけでは人間は一カ月たつと忘れてしまうのだ。

ということを知れば、「しつこく復習する」ことの重要さがよくわかるだろう。海馬に送り込んだ情報がまだそこに残っているあいだに、もう一、二度復習するのである。

すると、海馬には、その情報が繰りかえし送り込まれることになり、海馬はその情報の重要性をよく認識する。そして海馬は、最終的な記憶の貯蔵庫である側頭葉《そくとうよう》にその記憶を送り込む。側頭葉におさまった記憶は、本物の「長期記憶」に育ったとはいえ、そう簡単には忘れなくなる。以上のことを復習のテクニックとしてまとめてみよう。

①まず、理解し、記憶してから九時間以内（睡眠時間はのぞく）に一度復習する

②そして、その後、一カ月以内に一、二度復習する

受験生時代は、程度の差はあれ、毎日勉強しているわけで、それなりに復習することになる。また、意識的に復習しなくても、毎日勉強していれば、しぜんに同じ情報にふれ、自動的に反復することになる。

しかし、大人になると、毎日勉強をする習慣を持っている人は、そう多くはない。大人になって「記憶力が落ちた」と嘆くのは、この反復学習の機会が少なくなっていることも大きく関係しているのだ。

●「頭の入力効果」を最大限に高めるには？

もう一点、思考・勉強用記憶術にとって、重要なことをいっておきたい。

1章で述べたこととも関係するが、「記憶する目的を持つ」ことである。これは、記憶のテクニック以前の話であり、同時に重要なテクニックといえる。

心理学的にいうと、記憶という作業は、次の三つのステップに分けられる。「記銘（入力）」「保持」「想起（出力）」の三つである。

私流にいえば、「短期記憶」「中期記憶」をつくっていく段階が「記銘」のステップとなるが、このとき、記憶する目的がないと、人間の脳は情報を記銘することができないのだ。たとえば、学校の授業を漫然と聞いているときでも、教師が「ここは試験に出るぞ」と言うと、一気に集中力が高まるだろう。そこに記憶する目的が生じるためである。

目的がない状態では、人間は外部の情報に強い興味を持つことはできない。逆に、目的があれば、外部情報に対する興味や関心が生まれる。そのときはじめて、人間の脳は働きはじめ、情報を入力することができるのだ。

そして、記憶する目的を持てば、しぜんに注意力が働きはじめる。

たとえば、来月、ヨーロッパに行くことが決まったとたん、ヨーロッパに関するさまざまな情報がビビッドに入ってくるようになる。新聞を読んでいても、目は自動的に「ヨーロッパ」「EU」「ユーロ」などという単語を探しあてる。

目的を持てば、脳は必要な情報を勝手に集めはじめるといってもいい。そして、目的のない状態より、はるかに脳に入力される情報は増えてくる。

また、関心を持つと、記憶の歩留りもそれだけでよくなる。たとえば、講演を聴きに行けば、そのことがすぐに実体験できるはずである。

講演を聴きに行くと、忙しいなかから時間を割《さ》いて、会場に足を運んでいるわけで、最初のうちは誰でも講師の話に対して興味を持っている。はじめての講師なら、どんな人だろうという関心も湧いてくる。しかし、話をしばらく聴いていると、しだいに最初の新鮮な感覚は薄れ、関心の度合いが弱まってくる。

すると、講演を聴き終わってしばらく時間がたつと、最初のほうの話はよく覚えているが、真ん中の話は頭に残っていないことに気づく。これを心理学では「記憶の初頭効果」というが、こういう効果が現れるのも、関心と記憶量の相関関係を示している。

また、「年をとったから記憶力が衰えた」というのも、「年をとって感情が老化し、ものごとに興味が持てなくなった」ことが原因であることが多い。何ごとにも関心が持てなくなれば、情報が入ってきても、脳はほとんど記憶しない。

やがて、脳はそういう怠《なま》けた状態に慣れ、本当に機能が衰えていく。つまり、頭が悪くなること、最終的にはボケることにつながっていくわけだ。

和田からのメッセージ——頭のいい記憶術①

・「機械的な暗記」を避け、どれだけ「理解型の記憶」に変える〝工夫〟ができるか、どうか——記憶力のいい、悪いはここで決まる!

2 実践！「思考・勉強記憶術」のテクニック

●脳の「海馬」と、海の「タツノオトシゴ」の関係は？

これまでお話ししてきたことは、いわば「大人の思考・勉強」のための記憶術の王道であり、表ワザである。

しかし、三〇代にもなると、表ワザだけでは、どうしても記憶できないことが出てくるものだ。また、能率が上がらないこともある。

そこで、大人の思考・勉強記憶術のなかの〝裏ワザ〟的なテクニックを紹介してみよう。もっとも〝裏ワザ〟といっても、脳のしくみをうまく使うという基本的な考え方には、これまでと変わりはない。

さて、人間、すでに知っていることと、よく似ている事柄は覚えやすいものだ。新しい情報が自分の古い知識に自動的に結びつくためといっていい。

たとえば、私の場合でいえば、タレントの名前である。私は、昔に比べれば、テレビを見る時間が極端に少なくなり、若いタレントの名前にはかなりうとくなってきている。

ところが、「マツモトキヨシ」のCMに出ていた「山口もえ」嬢の名前は、一度で覚えてしまった。たまたま見ていた番組で彼女が「山口百恵さんから『も』を抜いてください」と自己紹介していたからだ。そういえば、ビビアン・スーという台湾出身のタレントの名前も、「ビビアン・リーに似た名前だな」と思ったため、これも一度で覚えてしまった。

このように、人の名前など、ふつうは機械的に記憶するしかない事柄でも、古い知識と結びつくと、記憶の入力が容易になり、保持もしやすくなる。

以上、挙げた例は偶然、関係性を発見したことばかりだが、これは意識的に行なうこともできる。自分の記憶のなかから、新しい情報とよく似た事柄をムリやり引っ張り出してくるのである。

たとえば、私はときどき経済問題についての原稿も書くため、経済関係の基本的な数字を頭に入れておく必要がある。二〇〇一年度の国と地方の借金は、計六六六兆円だったが、私はこの額を「オーメンと同じ」と覚えていた。

ご存じの方も多いと思うが、「666」はホラー映画『オーメン』で、不吉な数字として出てくるものである。六六六兆円の借金は、もちろん日本の将来に暗雲を投げかける破局の前兆（omen＝前兆）でもある。これだけ古い記憶と結びつけておけば、もう六六六兆円という数字は忘れようとしても忘れられない。

意図的に古い知識と結びつける作業は、〝記憶の輪〟をつくる作業ともいえる。

たとえば、前項で脳の「海馬」という部位について紹介したが、この「海馬」、もともとはタツノオトシゴの別称でもある。というよりも、脳の「海馬」の形が、タツノオトシゴと似ているため、こう名づけられたのだ。

今、あなたは、このエピソードを新しく知ったことで、脳の「海馬」について忘れにくくなったはずだ。単純に「脳には海馬という記憶の司令塔がある」と知っているだけより、忘れにくくなったといえる。

じっさい、情報に何らかの意味を与えて反復する方法は、「精緻化リハーサル」といって、「長期記憶」をつくるのに有効な方法である。いっぽう、機械的な単純反復は「維持リハーサル」と呼ばれ、前者よりは効果が落ちる。「日本の借金は、六六六兆円」と何度も暗唱するより、「オーメンと同じ」と覚えたほうが、情報に何らかの意味を与えたことになり、「長期記憶」としてとどまりやすいのだ。

これらは、自分なりの「理解」の方法を発見する作業といってもいい。

先の山口もえ嬢の名前にしても、山口百恵と似ていることを知っただけなら、単に古い記憶と結びつけただけだが、「彼女の年齢から見て、おそらく彼女の父親は山口百恵のファンだったのだろう」とでも推理すれば、彼女の名前を自分なりに〝理解〟したことになる。それが当たっているかどうかは別として、記憶はより強固なものになるわけだ。

「どうしても思い出せない」とき、どうする？――エピソード記憶

これまで、記憶には「短期記憶」と「長期記憶」の二種類があることを紹介してきたが、心理学的には別の切り口もあり、「エピソード記憶」と「意味記憶」に分けることもできる。

「エピソード記憶」とは、個人的な体験の記憶、要するに「思い出」のこと。いっぽう、「意味記憶」は読書や人の話を聞いて記憶した事柄、ふつうにいうと「知識」のことになる。

両者では、もちろん「エピソード記憶」のほうが強く記憶されることになる。受験生のとき、勉強して記憶したことはすっかり忘れていても、受験当日のエピソード、合格した瞬間の光景はよく覚えているという具合である。

とくに、強い情動を伴った「エピソード記憶」は、長く記憶にとどまる。

大好きだった彼女（彼）との初デートで見た映画のタイトル、競馬で大穴をとったレースの模様、思いがけなくほめられたときの教師の言葉などを覚えている人は多いだろう。そういう「エピソード記憶」は、想起すると感情を伴うため、しぜんに何度も思い出されることになる。そのことが記憶を強化するという側面もある。

この強力な「エピソード記憶」力を意識的に利用するのも、大人のための記憶術になる。たとえば、資格試験のための勉強をするとき、模擬試験で間違えた問題を復習し、正解を記憶するのは、非常に有効な勉強法になる。そういう問題は、一度試験で間違えたという個人的体験がからんでいる分、強い記憶として残る可能性が高いのだ。その意味で、資格試験を目ざす人には、模擬試験で出た問題の正解を必ず覚えることをお勧めしたい。

英会話でも、ただテープを回して英語を聞くよりも、直接、外国人と話したほうが上達しやすいのは、「外国人と話す」という個人的体験を伴うからである。ただし、英会話学校に通って、「外国人と話す」機会が増えて、「外国人と話す」という経験がマンネリ化してくると、エピソードとしての強度は弱まり、記憶効果は薄れてくる。

また、「エピソード記憶」の活用は、ど忘れしたことを思い出すのにも有効なテクニックになる。

本章を書いているときなど、どうしても思い出せないことに出会ったとき、直接的にその事柄を思い出そうとするのではなく、まず、「どの本に書いてあったか」「どのあたりに書いてあったか」を思い出してみる。いつごろ覚えたかも思い起こしてみる。すると、意外にど忘れしていた事柄がよみがえってくることが多いのである。

どこで覚えたかを思い出すのも、記憶の出力には有効な方法だ。

以前、次のような記憶実験が行なわれたことがある。潜水夫たちに、陸上と海中でそれぞれ無意味な単語を暗記してもらい、それを陸上と海中で思い出してもらった。すると、陸上で覚えた単語は陸上で、海中で覚えた単語は、海中での再生率が高かったのだ。

資格試験中などで、ど忘れしたことがあった場合は、自分の書斎を思い出すといい。「あの本棚のあの本に書いてあったな」と思い出せば、その事柄を思い出す可能性は高いといえる。

●「五感」ではなく「三感」のみを活用せよ

「エピソード記憶」が「意味記憶」よりも記憶に残りやすいのは、その情報が視覚だけでなく、「五感」を通して入ってくるためである。

一般に、複数の感覚器官を通して脳に入った情報は、単に視覚だけから入った情報より

い。

も、はるかに記憶に残りやすくなる。

「五感」といえば、視覚、聴覚、嗅覚、味覚、触覚のことになるが、残念ながら嗅覚と味覚が使える勉強は、料理、調香などの専門分野にかぎられ、ふつうの記憶には活用できない。

一般的な記憶に利用できるのは、視覚、聴覚、触覚の「三感」だけである。

なかでも、勉強するときには、視覚に頼っている人が圧倒的な多数派だろう。しかし、記憶するためには、聴覚の活用は非常に重要なことになる。聴覚を通して入ってきた情報は、「長期記憶」として定着しやすいのだ。

たとえば、「詩」は集中して読んでもなかなか覚えられるものではないが、歌の「歌詞」はメロディといっしょに聴覚から入ってくるので、比較的簡単に覚えられる。

俳句や短歌も、棒読みするよりも、「あしびきの～」というように、節《ふし》をつけて読みあげたほうが覚えやすくなる。アルファベット二六文字の順番を正確に覚えている人が多いのも、『アルファベットの歌』があることの影響が非常に大きいと思う。

そういえば、高校時代、私の高校きっての英語名人はロックバンドのリードボーカルだった。彼は外国曲をコピーして歌ううちに、視覚だけでなく、聴覚からも英語を学んでいたといえる。

じっさい、歌が好きな人にとっては、英文を覚えるよりも、英語の歌をどんどん覚えるほうが有効な勉強法になる。歌として耳から入力すると、英文は覚えやすくなるうえ、歌の好きな人には楽しみながらできる勉強法になる。

また一般に、ただ活字で読んだことよりも、人から聞いた話はよく覚えているものだ。これも情報が聴覚から入ってきているためで、いわゆる「耳学問」は記憶の歩留りという意味では、相当有効な勉強法といえるのである。

「耳学問」は、話し相手がいなくても、自分一人でも可能である。方法は簡単で、本を読むとき、「音読」すればいい。音読すれば、「声に出す」という能動的な行為と、「聞く」という受動的な行為を同時に行なうことになる。これが、複数の感覚器官を刺激するのである。

とくに、英語の勉強で、単語、熟語、英短文などを記憶するときは、声に出して覚えることだ。ただ黙読するのとは、記憶の歩留りがまったく違ってくるはずである。

さらに、記憶するには触覚も十分に使いこなしたい。

具体的には、手で書いて覚える方法である。手で書くと、運動感覚を使うことになり、脳を活性化させる。私の場合、講義を聞くときにノートを必死にとると、記憶量は二〇パーセントは多くなるように思う。外国語の勉強でも、ただ読んでいるよりも、手で書いて覚えたほうが、はるかに記憶の歩留りはよくなる。

私は、若いころは「勉強は肉体労働」だと考えていた。目で読み、声を出し、耳で聞き、手で書き、ときには歩きまわったりしながら全身で記憶するつもりでないと、なかなか脳は覚えてくれないものなのだ。

「一度覚えたこと」は、どんどん〝受け売り〟する！

私は講演をするとき、よく〝受け売り〟をする。

最新情報を伝えようとすると、読んだばかり聞いたばかりのことを話す必要が出てくるのだ。もちろん、盗用するわけではなく、出どころを明示し、自分の意見を補強するためにお話しするわけだが。

すると、私にとってありがたいことが起きる。講演で受け売りした話は、そう簡単には忘れなくなるのだ。

これには、いくつかの理由がある。

まず、人前で話すことで、「意味記憶」が「エピソード記憶」に変わること。声に出し自分の耳で聞くことが、さまざまな感覚器官を刺激すること。そして、人に話すことが、自分にとって格好の復習の機会になっていることである。

そういえば、私は高校生のころ、弟によく勉強を教えていた。するると、弟からいろいろと質問され、答えられることもあれば、答えられないこともある。むろん、自分の理解の浅いこと、うろ覚えのことは教えられない。それが、私にとっては、自分の学力のチェックになっていた。つまり、私は教えているつもりで、教えられていたわけだ。

以上のエピソードをまとめると、「人に話す」「人に教える」ことには、記憶を強化するうえで、次の二つのメリットがあることがわかる。

①まず、人に話すことで記憶が強化される。思い出すことで記憶が整理され、自分の言葉が聴覚を刺激する。人に教えるという体験で「エピソード記憶」にもなる
②人に教えると、理解型記憶になっているかどうかがチェックできる。記憶状態を強化できるうえ、自分の記憶の弱点が一目瞭然になるわけである

また、「人に話す」「人に教える」ことは、記憶の出力確認という意味でも重要である。心理学では、記憶を記銘、保持、想起の三段階に分けて考えることを紹介したが、むろん

記憶することの最終目的は、想起する（思い出す）ことにある。

しかし、三〇代を超えると、この想起がうまくいかなくなるケースが多い。単語や名前が喉元まで出てきているのに思い出せないというパターンだ。専門的にはそういう状態を「舌端《ぜったん》現象」というが、そのベストの防止法は、ときどき記憶したことは思い出しておくことだ。それには、人に話したり教えたりするのが手軽な方法になる。

現実に人に教える機会がなくても、教えるつもりになって、記憶したことを一人で口にしてみるのも、いい出力トレーニングになる。

私の弟は、受験生時代、自分が教師になったつもりで〝架空授業〟を行なっていた。そばで見ているとやや気持ちの悪い面はあったが、有効な勉強法であったことは間違いない。

とくに、中年を過ぎると舌端現象が起きやすくなる分、記憶は何度も出力しておくことが必要になる。喉元まで出かかっていても、人に説明することはできないし、思考の正確な材料にも使えない。記憶という作業は、自由に思い出せるようになることで、はじめて完了するといえる。

とにかく、記憶したことは、機会を見つけて話したり書いたり、ときどき出力しておくことだ。記憶はときどき外に出してみないかぎり、それが本当に使えるものかどうかは検証されない。

●「押韻法《おういん》」「頭字法《かしらじ》」——これが意外に役立つ！

私には、おそらく生涯忘れないだろう英熟語がある。

「tired of（飽く）」と、「tired with（疲れる）」である。

高校時代、教師が「よく間違えるぞ、試験にもよく出るぞ」と言って、この二つの熟語を黒板に大書した。そのとき私は、「ofと飽く（あく）は二文字」「withと疲れる（つかれる）は四文字」という〝法則〟を発見したのだ。

以後、この二つの熟語を混同したことはない。私が創作した「記憶法」のなかでは、優秀作品に入ると思っている。

さて、いわゆる「記憶術の本」を読むと、連想記憶術をはじめ、いろいろな方法が紹介されている。たとえば、「enormous（巨大な、莫大な）」という単語を覚えるとき、ジャイアント馬場をイメージすればいいというような方法である。

この単語には「無法な、非道な、極悪な」という意味もあり、それは馬場がブッチャーなどの悪役に反則技でいためつけられている場面をイメージすれば、両方覚えられるというわけである。

たしかにそのとおりなのだが、じっさいに英単語を覚えるとき、いちいちそういうイメージをふくらませるのは、実際的な方法ではないだろう。

時間もかかるうえ、数を覚えていくうちに、イメージどうしが重なり合って、頭が混乱するのがオチである。

だが、こういう方法も使いようで、正攻法ではどうしても覚えられないことを覚えるときには、有効な方法になる。たとえば、英単語を覚えていくときに、チェックしてみると、どうしても覚えられない単語がいくつか出てきた。

そういうときに連想記憶術を利用するのである。すると、数がかぎられているから、連想を働かせる時間はそうかからないし、イメージが混乱することもないだろう。

このほか、勉強に応用できる記憶術には、「押韻法」と「頭字法」がある。

「押韻法」の代表は、いわゆる「語呂合わせ」である。これは、ハマったときには、非常に強い「長期記憶」として残る。室町幕府、徳川幕府が始まった年を記憶している人は少ないが、鎌倉幕府が開幕された年を覚えている人は多い。これは、「いい国（１１９２）つくって、頼朝喜ぶ」という名作語呂合わせがあるためである。

私の受験生時代には、『英単語連想記憶術』（青春出版社／武藤騤雄）という本がよく読まれていた。

そのなかで紹介されていた「(マージャンで) ポンだ (ponder) と言われて熟考する」という語呂合わせはいまだに覚えている。むろん、「ponder」とは「熟考する」という意味である。

「押韻法」という名前どおり、韻を踏んで覚える方法もある。

たとえば、私が中学受験した時代には「トタンは鉄に亜鉛メッキ、ブリキは鉄に錫《すず》メッキ」ということを暗記しなければならなかったが、私はよく両者を混同した。しかし、塾の講師に「トタンのン、亜鉛のン」と覚えれば間違えないと聞いた。それから約三〇年が経過しているわけだが、いまだにそのことを覚えている。

いっぽう、「頭字法」は、複数の事柄を覚えるとき、頭文字だけを覚えていく方法である。もっとも有名なのは、化学の元素周期律表を覚える「スイヘリベボクのフネ〜」という記憶法だろう。これは、「水素」「ヘリウム」「リチウム」というように元素名の頭文字をつないで、みごとな語呂合わせになっている。

この方法は、私もときどき利用してきた。

医師国家試験を受けるとき、法定伝染病などの名前を覚えるような場合には、有効な方法だった。ただし、この方法で覚えた場合の欠点は、頭文字を並べた言葉を忘れると、まったく思い出せなくなることだ。

しかし、これらの記憶術は、試験勉強にとってすら補助的な記憶法といえる。「押韻法」などが、うまくハマったときに強い記憶を残すことは間違いないが、問題はいちいち自分で語呂合わせをつくっている時間はないということである。そんな時間があれば、理解し、復習を繰りかえし、正攻法で記憶したほうが、よほど効率はいいだろう。

また、私の経験則から考えても、「長期記憶」として定着しているのは、非常によくできた名作にかぎられるようである。

じっさい、『英単語連想記憶術』には、数多くの語呂合わせが載っていたが、現在、私が記憶しているのは前掲の一つだけである。「どうしても覚えられないこと用」に特化した方法と考えたほうがいい。

とにかく「覚える単位」を大きくせよ

記憶術の手法の一つに、「チャンキング」という方法がある。「チャンキング」とは、一言でいうと、長いものを区切って覚えることをいう。

たとえば、八桁の数字を覚えるとき、ただ数字が並んでいるだけでは非常に覚えにくい。だが、「３８１４－１１６１」というように、あいだにハイフンが一本入って区切られるだけで、ずいぶん覚えやすくなる。そのこともあって、電話番号はあいだにハイフンが入っているのだ。

これは、ただ数字がズラズラ並んでいるときは、八つの数字をいっぺんに覚えなければならないが、ハイフンで区切ると、四桁の数字を二つ覚えればすむためである。

数字だけでなく、大きな情報量を記憶しなければならないときは、単位をまとめて事柄の数を減らすと、かなり覚えやすくなる。とくに語学の習得では、これは非常に重要な心得になる。

外国語の勉強では、単語よりも熟語、熟語よりも短文で覚えたほうが、総体の情報量は一定でも、情報単位の個数が減る分、記憶しやすくなる。

この「単位をまとめて事柄の数を減らす」という方法を究極的に実践したのが、トロイの遺跡を発掘したシュリーマンの外国語習得法といえる。シュリーマンは、ある本を一冊母国語で丸暗記し、その後、その本の外国語訳を一冊ずつ丸暗記していったという。彼は、この方法で十数カ国語をマスターしたと伝えられている。

青山学院大学大学院の野口悠紀雄先生（元東大教授）も、シュリーマンの学習方法を紹介したうえで、ベストセラー『「超」勉強法』（講談社）のなかで、英語学習法としてこれに近い方法を推奨している。

「高校三年間の教科書をすべて丸暗記すればいい。サイドリーダーを用いている場合には、これも暗記する」(『「超」勉強法』)という方法だ。

しかし、ここまで記憶する単位を大きくすると、私などとてもまとめて記憶する自信がない。一冊の本どころか、五〇〇語程度の長文でさえ、私には丸暗記する自信がない。一般的にいえば、二〇～三〇語くらいまでの英短文が、英語勉強用の記憶単位としてはもっとも適切だと、私は思う。

●「二時間×一回」「一時間×二回」――どちらが効率的か

次に、記憶するときの時間の使い方にふれておこう。

記憶するには、二時間続けて暗記するより、一時間ずつ二回に分けて暗記したほうが、効率がよくなる。

これは、次々と新しい情報を脳に送り込むと、前に送り込んでおいた情報が、フロッピーディスクに上書きされるように消えてしまうためである。

脳内の神経回路は相互に関係しているため、情報を続けざまに送り込むと、記憶の定着を妨害することになってしまうのだ。専門的には、このことを前の記憶を阻害するので

「逆向抑制」と呼んでいる。

とくに、類似した情報を続けざまに送り込むと、前の記憶を保持することがきわめて困難になる。記憶の定着が妨害され、ふだん以上に忘れやすくなる。

たとえば、世界史を勉強したあとに日本史を勉強する。あるいは、英語を勉強したあとフランス語を勉強するような場合だ。類似したことを続けて勉強すると、二科目めは非常に覚えにくくなるうえ、一科目めをどんどん忘れることになる。記憶の混乱が起き、定着率が悪くなるのだ。

だから、記憶型の勉強をするときは、続けて覚え込むよりも、時間を細切れに使ったほうがいい。一時間続けて暗記するより、四〇分暗記して、しばらく時間を置き、二〇分復習したほうが、よほど記憶の歩留りはよくなる。

だから、「勉強用のまとまった時間がとれない」という人は、時間が細切れになっていることをむしろ歓迎したほうがいい。細切れ時間のあいだに覚え、次の細切れ時間で反復するという方法は、記憶の入力・定着には非常に有効なのである。

また、大人の場合、資格試験などに挑むときは、日曜などの休日に長時間勉強する必要が出てくるが、なるべく似ていない科目を組み合わせるのが、時間の使い方のコツになる。

法律の勉強をするのなら、憲法の次は商法というように、なるべくタイプの違うものを勉強する。商法の次に手形法を勉強するのは、相互関連している内容だから理解がすすむことはあるかもしれないが、記憶という点では上手な方法とはいえない。

ちなみに、長い目で見ると、似たことを勉強したり記憶するのは、逆に楽なことになる。英語が十分に読み書きできるようになると、フランス語は学びやすくなるという現象だ。

これは「学習の転移」といって、勉強だけではなく、スポーツなどの技術でも同じことが起きる。そのため、プロ野球選手はゴルフがうまく、将棋の棋士はチェスをやっても短期間に強くなるというわけだ。だが、これを短期間に行なおうとすると、アブハチとらずになる。

●「絶対忘れてはならない」場合――睡眠利用法

これまでの数々の心理実験によって、記憶を固定させるためには、「睡眠」が欠かせないことがわかってきている。

ジェンキンスとダレンバックの「無意味語の記憶保持実験」では、寝ているあいだのほうが、目覚めているときよりも記憶の保持率が高いという結果が出ている。これは、起きていると、無意識にでもいろいろな情報を脳にとり込むことになり、記憶の上書き現象が起きてしまうからだ。

いっぽう、眠ると、それ以上は余計な情報が入ってこなくなる。そこで、記憶は干渉されることなく、定着していくというわけである。

アメリカの最新の報告によると、新しい事柄を記憶したときは、最低六時間の睡眠が必要だと指摘されている。一睡もせずに詰め込んだ記憶は、数日で消えるという。

というわけで、暗記物の勉強をしている期間は、夜の勉強が終わったら、すぐに眠ると記憶の定着がよくなるといえそうだ。勉強後、だらだらと起きて、深夜テレビを見たりして、ほかの情報をとり込むと、記憶の定着を妨げてしまうわけである。

現実的にいっても、勉強してすぐに眠れば、その後だらだらとテレビを見たときよりも、早く目覚めることになる。その分、早朝勉強、早朝復習の時間をとれることになる。

さらに、眠ることは、記憶にとって別の効用もある。ストレスの解消につながることである。

じつは、ストレスは記憶の大敵なのだ。

前に紹介したように、記憶の司令塔は海馬と呼ばれる部位だが、この海馬はストレスに非常に弱い。ネズミを使った実験では、妊娠中のネズミにストレスを与えつづけると、生まれてくる子ネズミの海馬は働きが弱く、記憶力が弱いことがわかっている。

また、多重人格の患者には、虐待など幼児期に大きなストレスを受けている人が多いが、彼らの海馬は一般人よりも縮小していることがわかっている。海馬が縮小することが、記憶を分断し、さまざまな人格を生み出す原因になるという説もある。

現実問題としても、ストレスがたまっていたり、気がかりなことがあると、勉強に集中できなくなるものだ。すると、情報への注意力が落ち、記憶力を落とすことになる。そして、記憶できないことがあると、「ああ、記憶できない」という新たなストレスを生み出すという悪循環におちいる。

すると、人間は本当に記憶できなくなる。人間にとってマイナス方向への自己暗示は、非常によく効くのである。

和田からのメッセージ——頭のいい記憶術②

・「一人耳学問」は、記憶の高い歩留りを期待できる。また、情報量が多いことを記憶するときは、「チャンキング」を行なう

4

「頭」のいい読書術

——「知識・情報力」にムダのない人、ムダの多い人

1 「今、必ず読んでおくべき本」の見つけ方・読み方

「働く力」「学ぶ力」を磨く、一番効率のいい方法

ＩＴ時代になっても、依然、知識の入力装置として、本はもっとも優秀な道具である。私はおそらく知識の八〇パーセントを、本を中心とした活字媒体から仕入れている。残りの二〇パーセントのうち、一五パーセントが人間、数パーセントがラジオ、テレビなどの電波媒体。インターネットで入手している知識は、一パーセントにも満たない。論文執筆に必要な専門知識になると、本の比率はさらに高まり、おそらく九〇パーセント近いのではないかと思う。

これは、私にかぎらず、頭をよくする生き方を志す大人全員に共通することだと思う。

ＩＴ化の時代とはいえ、現段階のところ、インターネットはコンテンツ、通信速度の両面からいって、思考や勉強の軸にできる媒体には育っていない。

二〇世紀の中心メディアであったテレビやラジオですら、あくまで思考や勉強にとっては〃副食〃的な存在であり、今後もその位置を超えることはなさそうである。

やはり、考えるための〃主食〃は本なのである。

その意味では、「読書法」をマスターしてしまえば、知的なアウトプットを目ざす「大人の勉強」のための情報技術は九〇パーセントはマスターできることになる。

多少大げさになるが、現代社会において、読書することは人間が人間として生存する基本的な条件だと、私は思っている。

少なくとも先進国では、自分の体を使って働く人は少なくなり、大半の人は知識や技術によって生活の糧を得ている。そして知識や技術の習得には読書が欠かせないし、読書すればより多くの情報を集め、思考の材料を増やすことができる。

逆に、読書しない人の能力はおのずとかぎられたものになる。そういう意味で、読書の技術は、現代社会における基本的なサバイバル技術といってもいい。

さて、読書術の第一歩は、読むべき本を選択するノウハウである。

これは、本を読む技術の七〇~八〇パーセントを占めるといってもいい。日本は世界に冠たる出版大国であり、近年は一年間に七万点近い本が出版されている。むろん、書店の棚には、前年までに出版された本も並んでいる。その書物の大海のなかから、本当に自分に必要な黒真珠のような本を探しあてるのは、本をたくさん読んできた人間にとっても、相当にむずかしい作業である。

自分ではいい本にめぐりあったつもりでも、書店の棚にはさらにベターな本がひそんでいるかもしれない。まして、役に立たない本に手を出すと、二重三重の意味で悲惨なことになる。知識を効率的に吸収できないばかりか、悪文を読まされればストレスもたまる。お金をドブに捨てることになるし、かなりの時間も奪われる。そして、本当に読むべき本が読めなくなってしまう。

ドイツの哲学者ショーペンハウエルも、「悪書を読まないことは、良書を読むための条件である」と言っている。

まして、ショーペンハウエルの時代とは比べものにならないほどの本が出版されている情報洪水の現代である。役に立たない本、くだらない本に時間を盗まれないためにも、本当に自分に役に立つ本を選びだす技術は、ますます重要になっている。

「生産型の読書」「消費型の読書」

ただし、すべての本を対象にして、一律の選択基準を設けることは不可能だ。本を読む目的は、人それぞれであり、一般論を語るのはむずかしい。

そもそも、読書には「生産型の読書」と「消費型の読書」がある。目的を持ち、何ごとかを学び、記憶し、知的アウトプットを目的とする読書と、楽しみのため、娯楽のための読書である。

もちろん、「生産型の読書」が上で、「消費型の読書」が下という話ではない。

小説、娯楽雑誌など、本はエンタテインメント媒体としてもすぐれた存在だ。そういう本を読んで楽しみ、気分転換になったり、ストレスが解消されれば、十分に読書の目的を達したといえる。また、そういう読書には、一般的な教養が広がるという現実的効用もあるだろう。

私自身は小説をあまり読まないが、それは本を読むことを職業の一部としているため、読書ではストレスが発散されないからだ。むしろ、映画を見たほうがずっと楽しい。だから、娯楽としてはあまり本を読まないだけのことである。

いずれにせよ、「消費型の読書」でどんな本を読むかは、人それぞれの好みが最優先される話であり、一般論を語ることはできない。また、それは私の任でもないだろう。これから、私が選択のノウハウを紹介するのは、あくまで「生産型の読書」用の本を選ぶノウハウである。

自分の知的生産のために必要な本を選択する方法は、たった一つしかない。「立ち読み」することである。

ただし、一口に立ち読みといっても、暇つぶしをするように漫然と読んでいては、本当に必要な本は選べない。勉強用の立ち読みは、いわば真剣勝負であり、そこにはいろいろなコツがある。

私が本当に立ち読みのコツを身につけたのは、二〇代の後半、自分が本を書く側に回ってからのことである。自分で書くようになってから、著者がどのようにしてその本を書いたのかが、立ち読みしたときに実感としてわかるようになった。また、出版社とつきあうようになって、本という商品がどのような手順でつくられるかがわかってきた。

出版社の目的は、もちろん本を売ることにある。

比較的良心的な出版社でも、商品が売れなければ企業体を存続させることはできない。そのため、ときには売らんかなのタイトル、羊頭狗肉《ようとうくにく》の見出しをつけることもある。本を書く立場になって、そのあたりの事情が如実にわかってきた。

スポーツでいえば、それまではただの〝観客〟だった私が、プロプレイヤーを兼ねるようにもなったわけで、立ち読みの技術、ひいては読書の技術が伸びたのは当たり前のことだろう。

●「書店」に入ったら、まず何をするか――私のやり方

さて、あなたは書店で立ち読みするとき、どのような本を手にとるだろうか。まず、タイトルを見て、自分の関心領域にひっかかったものを手にとるだろう。

それは正しい。

問題は、そこからである。知識を獲得するための本を選ぶときは、そこからが真剣勝負になる。ページをペラペラとめくって、漫然と拾い読みするようでは、本当に必要な本は選べない。

まずは、「目次」を〝読む〟ことだ。当たり前の話だが、「目次」にはその本の内容があますず載っている。レストランに行ったときは、メニューを見て注文する品を選ぶ。「目次」は、いわばその本のメニューである。

「目次」を読むときの第一のポイントは、その本の内容が本当に自分の関心領域とマッチしているかどうかを確認することである。本によって、タイトルと中身がずれていることがよくあるのだ。

たとえば、タイトルは「勉強術」ふうの本であっても、中身は気ままなエッセイだった

り、ただの、精神訓話、お説教が並んでいることがある。また、全体の三分の一くらいがタイトルに沿っているだけで、残りはどんどん横道にそれていく本もある。そういう本は、おおむね著者の力量が不足している本である。

1、2章でいいたいことをいい尽くしているため、あとはページを埋めるために水増ししているわけである。

じっさい、著者の立場からいうと、一つの主題に基づいて原稿用紙何百枚分かを書くには、相当な努力が必要だ。

テーマを分散させたほうが、はるかに書きやすいのである。しかし、そういう本は知的生産のために目的を持って読もうとする読者からすれば、半分以上は役に立たない本ということになる。

その本の内容が、自分の関心領域に沿っているかどうかを確認するには、「目次」に掲載されている章タイトルや小見出しを読むことになるが、このとき、それがあなたの興味をひきつけるかどうかも、本を選ぶうえで大きなポイントになる。章タイトルや小見出しには、その本の著者と編集者の力量とセンスが如実に表れるからである。

おおむね、あまりに真面目すぎる見出しが並んでいる本は、知識の吸収がはかどらない本である確率が高い。読んでいて、つまらないからである。

見出しが下手な本、陳腐な本、読者の興味をひかない本は、読者に対するサービスが不足した本ともいえる。売らんかなの見出しを避け、クソ真面目な見出しを打つのは、それはそれでつくり手の誠実さかもしれない。

だが、別の見方をすれば、読者に買ってもらおうという熱意も工夫もない本ともいえる。肝心の中身も、つまらない可能性が高いのだ。

おおむね、学術的な専門書でも、章タイトルや見出しが無味乾燥な本は、読んでいて眠くなる、つまらない本が多い。一般読者向けの本では、なおさらのことである。

●和田式「行間の読み方」

「目次」をチェックして、内容が関心領域と合致し、見出しにある程度の興味を持った――それは、買っていい本といえる。

だが、ほかにもいい本があって、どちらを買うか迷った場合や、もう少し内容を確認したいというときには、「まえがき」を読んでみるといい。

「まえがき」は本の冒頭に掲載されているが、本の制作工程上では、原稿執筆の最終段階で書かれることが多い。ゲラ（仮刷り）に手を入れはじめてから、校了まぎわになって書く著者も少なくないようだ。

つまり、「まえがき」とは、事実上「あとがき」なのである。

著者の立場からすると、これは原稿をつくる手順上、やむをえないことといえる。「まえがき」は、いわばその本の顔であり、短い文章のなかに、その本の精髄を詰め込む必要がある。

その作業は、すべての原稿を仕上げてからでないとむずかしいのである。

私の場合は、一冊の本を書くとき、まずA４判用紙二、三枚の簡単なコンテをつくり、編集者と相談しながら、章立てを考え、各章にどんなテーマを盛り込むかを決める。

だが、その時点では、著者本人にも、最終的にどんな本になるかは、まだよくわかっていない。むろん漠然としたイメージはあっても、各章のボリュームもまだ決まってはいない。

それは、まだ書き出していないからである。原稿を書くことは、同時に考えることである。そして、その思考を最適の形でアウトプットすることである。

それまで蓄えてきた知識（記憶）、それをベースに推論してきたことを、さらにシェイプアップし、読者にわかりやすい形で提供する作業といえる。そのあいだに、私の思考はさらに発展したり、執筆以前には重要度の高いと思っていた情報がそうでないことがわか

和田式・頭のいい「本の選び方」

step1　まず“行きつけの書店”に行く

本の位置の“微妙な変化”から、
世の中の“知的流行”を実感する

step2　“ベターセラー”を見つける

ベストセラー（他人に役立っている本）でなく、ベターセラー（自分に役立つ本）を探す

step3　タイトルと内容を比較する

自分の“実力以上の本”“実力以下の本”をここで切り捨てる

step4　目次を熟読する

著者と編集者の「熱意」と「工夫」の度合いをチェックする

step5　本の“力量”を調べる

「著者略歴」と「奥付」からその本の実績、将来性を推理する

ってきたりする。

そういう修正作業が不断に続くのが、原稿を書くという思考のアウトプット過程といえる。むろん、その思考の発展、修正に即して本のコンテも変化し、最終的な形に仕上がっていく。

そして原稿が完成したときは、思考がもっとも熟成した段階に達したときともいえる。そのとき、本の顔である「まえがき」を書く条件がはじめて備わってくる。

というわけで、「まえがき」の行間には、著者の思考の履歴、格闘の跡が詰まっているといえるのだ。

むろん、現実的な販売面からいっても、「まえがき」は目につく部分であるから、「まえがき」を読んでその本を買うかどうかを決める人は少なくないだろう。その意味でも、著者にとって、「まえがき」は腕をふるって書く必要があるのだ。

ということは、その重要な「まえがき」でさえ、おもしろくない本、興味を持てない本、論理のあいまいな本は、役に立たない本といっていい。

「まえがき」の後半は、関係者への謝辞などにあてられることが多いから、しっかり読む必要があるのは、とくにその前半である。その部分の論旨が明快で、主張に説得力があれば、「買ってもいい本」ということになる。

●「誤解されること」をおそれる人、おそれない人

「まえがき」にかぎらず、本には論旨の明快さが必要である。そういう本は、いわば著者が体を張っている本といってもいい。

精神医学を学んだ人間として自己分析すると、私は一般生活では気の弱い人間の部類に入る。いつも人から嫌われないかとびくびくし、年下の人間を呼び捨てにすることもできない。

だが、原稿はできうるかぎり端的に書くことにしている。そうしないと、読者に伝わらないと思うからだ。

人間どうしのコミュニケーションはむずかしいもので、面と向かって話していても、主張や論理は正確に伝わらない。言葉以外に、表情、しぐさ、語調などのさまざまなコミュニケーション情報があっても、真意はなかなかうまく伝わらない。

まして、文章だけを通して、真意を正確に伝えるのは至難の業だ。

さらに、著者が誤解されること、批判されることをおそれて、「ああもいえるが、こうもいえる」と右顧左眄《うこさべん》しはじめると、何がいいたいのか、さっぱりわからなくなる。そう

いう本は、最後まで読んでも、何の知的刺激も受けない。

たとえば、「勉強法」について、予習と復習の重要性について、「どちらも大事」などと書いてある本は、まずペケである。

むろん、両方したほうがいいことはいうまでもないが、人間には時間の制約があり、勉強できる量はかぎられている。それを「どちらも大事」などという逃げ腰の結論では、その著者は読者に語る資格はない。

ハウツウ書にかぎらず、おおむねどんな本でも、「あれも大事、これも大事」という式の本はダメである。

たとえば、経済書で今の日本経済に対する処方箋がずらずら並んでいるような本は読むに値しない。それは、著者自身が自分の主張に優先順位をつけられていないことの動かぬ証拠だ。

まして、大事な「まえがき」で、著者の論旨、主張が伝わってこない本は、最後まで読んでも結論のない本、あなたの思考を刺激しない本といっていい。

なお、「まえがき」がなく、「あとがき」が掲載されている本もある。そういう本を立ち読みするときは、「あとがき」を読むことが選択基準になる。

ただし、「あとがき」は本文のあとに来ることもあって、「まえがき」よりは肩の力を抜いて書かれていることが多い。ただの苦労話が並んでいたりして、一般的に文章の質は「まえがき」よりも落ちる。そのあたりを考慮して読むことだ。

●著者の「経歴」「肩書」「実績」から何がわかるか

私の場合、「目次」を読み、「まえがき」を読めば、買うべき本かどうか、ほとんどの場合、確認できる。

念を押したいときは、「著者略歴」と「奥付」に目を通す。

それ以前に、著者がどんな人か知らないときは、無意識のうちに「著者略歴」を読んでいることが多いようだ。

ただし、著者の略歴は、必ずしも本を選ぶ基準にはならない。立派な経歴を持つ人だからといって、またはその分野の一流の専門家だからといって、役に立つ本が書けるとはかぎらないからだ。

まず、立派な経歴を持つ人には、本を書く以外の仕事で忙しい人が多い。その分、本にかける時間やエネルギーが少なくなるということがある。

また、その専門分野の第一人者というような人は、たしかに若いころにはいい本を書いっていたかもしれない。しかし、第一人者の地位を築いてしまうと、あまり勉強をしなくなって最新知識に乗り遅れている人もいる。

じっさい、大学の肩書でいうと、教授よりも助教授や講師に刺激的な本を書く人が多いのだ。また、専門外の分野の人が、新しい視点から非常にわかりやすい本を書いたり、新しい切り口で刺激的な本を書くということも、現実には多いのである。

さらにいうと、数多くベストセラーを出している人の本が、すべていい本であるともかぎらない。数多く本を出すということは、それだけアウトプットの量が増えることであり、インプットの量が追いついていないこともある。

本の著者も人間であり、このあたりは一般社会の人間関係と同じ要領で考えればいい。必ずしも、「地位の高い人・肩書を持っている人」が、「優秀な人・立派な人・いい仕事をしている人」とはかぎらない。それと同じことで、「著者略歴」は、その本の優秀さを示す指標とはいえないのである。

ただし、確率的にいえば、「著者略歴」を細かく掲載してある本のほうが、おおむねいい本である確率は高い。

それだけ、著者が逃げも隠れもしませんといっているわけで、切れのいい論説、主張を読める期待値は高くなる。

●「力のある本」「力のない本」はこう見分ける！

もう一つ、私がときどき確認するのは「奥付」だ。

「奥付」は、本の最後に掲載されているその本の〝身分証明書〟のようなもので、出版社名、著者名、印刷・製本所名などがまとめられている。買うかどうかを決めるチェックポイントとなるのは、その本の「発行年月日」と「刷り回数」である。

本の内容、分野によっては、「発行年月日」は大きな選択基準になる。

たとえば、経済関係の本などの場合は、近年、日本経済は激変を重ねてきたこともあって、古い本を読んでも興味が持てないばかりか、今となっては誤った知識を仕入れてしまう可能性がある。

何か特別の目的でもないかぎり、極力新しい本を読んだほうがいいだろう。

まして、IT関連などはドッグイヤーで進化しているわけで、一年もたてばまさしく〝浦島太郎〟である。IT関係を含め、技術の本は、「まえがき」が多少粗雑でも、内容が少々劣っているようでも、とにかく新しい本を読んだほうがいい。

私の専門でいうと、たとえば脳科学に関しては、古い本は読む気がしない。この分野は現在、急速に進歩し、新しい知識がどんどん生み出されているからである。

いっぽう、心理学のほうでは、古典を含めて古い本もよく読む。人の心という面妖《めんよう》なものを扱う学問だけに、フロイト、クライン、エリクソンをはじめとしたこの分野の巨人たちの天才的な直観には、今でも啓示を受けることが多いからである。

また、「刷り回数」は、その本がどれくらい売れているかを確認するためにチェックする。

今の出版界では、だいたい初版部数の目安が決まっている。単行本で数千部から一万部、新書で一万五〇〇〇部から二万五〇〇〇部、文庫本で二万部から三万部くらいである。

むろん、なかには有名著者による満を持《じ》した企画で初版一〇万部、または大ベストセラー小説の文庫化で初版二〇万部などということもあるが、それらはあくまで例外的なことである。

そして、初版の売れ行きが良好なとき、増刷がかかる。「奥付」には、その「増刷回数」が印刷されている。「〇年〇月〇日第四刷発行」という具合である。増刷の単位は、一般的に単行本で三〇〇〇くらいで、つまり四刷の単行本は、二万は売れていると想像がつくわけだ。

いっぽう、増刷の記述が見あたらない本は、初版止まりの本であり、市場では売れなかった本といえる。

むろん、「ベストセラー必ずしも良書ならず」という言葉があるように、売れているからといって、いい本とはかぎらない。また売れていないからといって、役に立たない本とはかぎらない。

資本力のない小出版社から発行されたため、宣伝されることもなく、書店の本棚でホコリをかぶっている本のなかにも、良書が数多くあることはいうまでもない。

ただし、本の実力以外にいろいろな要因があるにせよ、売れなかった本は市場で評価されなかった本とはいえる。

確率的にいうと、俗悪さ、興味本位な部分でベストセラーになった本をのぞけば、ベターセラーにはそれなりに売れた理由があるようである。

あなた自身の目による「目次」「まえがき」チェックをクリアし、なおかつ売れている本なら、あなたにとってベターな本になる確率も高いといえるだろう。

〝行きつけの書店〟をつくっておけ

近年、アマゾン・ドット・コムなど、書籍のインターネット販売が、日本でも徐々に増えているのである。たしかに、自宅にいながらにして本が買えるわけで、便利に思う人がいても不思議ではない。

しかし、それでも私はいいたい。

本は書店で買うものだ、と。

そもそも、アメリカで書籍のネット販売が急伸したのは、近くに書店がないからである。とにかく、アメリカは広い。田舎町になると、車で一〇〇キロも走らなければ、ハードカバーを買えないという地域がざらにある。面積当たりの店舗集積密度が、日本とはまったく違うのである。

そして、もう一つの理由は、消費税率が州によって違うことである。つまり、消費税率が高い州に住んでいる人は、税率が低い州にインターネットで書籍の注文を出せば、その分、安く買えるわけである。

しかし、日本では、駅前に行けば書店があるし、消費税率は全国一律だ。あえてネット販売を利用するメリットは乏しいわけである。

いっぽう、デメリットのほうは見過ごせない。

ネット販売サイトのコンテンツでは、今のところ、確認できる情報が少なすぎる。これまで述べてきたように、本を選ぶには確認しなければならない情報がいろいろある。

そのためには、書店に足を運んで選んだほうが、自分に役に立つ本を選べる可能性は高くなる。

一口に書店といっても、その規模はさまざまだが、本選びに関しては、「良書を選べる確率は、書店の規模に比例する」という法則がある。

これは単純な話で、店頭に並んでいる本の種類が多ければ多いほど、選択の幅が広がることになるからだ。

時間の許すかぎり、なるべく大型の書店に行ったほうがいい。大都市なら各ターミナル駅近くにある大型書店、地方都市なら街一番の書店、小さな書店しかない地域に住んでいる人は、少なくとも勉強を始めようというときには、最寄りの県庁所在地あたりまでは本探しに出かけたほうがいい。

とくに、最近は、小さな書店の品ぞろえは、どの店も雑誌、マンガ、文庫、一部のベストセラーと実用書が中心になってきている。残念なことに、小書店の持ち味である、一種の頑固さ、偏屈さ、特色ある専門性をもった店は、どんどん少なくなっているようだ。

店舗面積当たりの売上効率を考えれば、そうならざるをえないのかもしれないが、これでは小書店を何軒か回っても「生産型読書」に必要な本とはなかなか出会えない。何軒回ったところで、同じような本に何度も出くわすだけのことである。

いっぽう、大型書店の場合は、当然の話だが、陳列面積が広い分、品ぞろえが豊富である。選択の幅が広いわけで、本を選ぶ目があれば、〝掘り出し物〟と出会える確率も高くなる。

私は、二週に一回程度、東京駅八重洲南口の八重洲ブックセンターを利用している。隔週で東北大学で外来を担当していた関係で、新幹線に乗る前、一時間程度書店のなかをぶらつくのだ。そして、だいたい手提《てさ》げ袋一杯ほどの本（一〇冊くらい）を買って、新幹線に乗り込む。

同じ書店を利用しているのは、そのほうが何かと便利なことが多いためである。

第一のメリットは、店舗内の〝土地カン〟が豊かになることである。ずっと通っていると、どのフロアのどの位置に、どんな関係の本があるかが頭に入ってくるため、本を探す時間が短縮できる。

何度も通っていると、自分の関心領域に関しては、どの本がどの棚にあるか、固有名詞レベルで頭に入ってくるものだ。その本は今すぐは必要ないが、将来は買うかもしれない候補のような本であり、こうなると、書店の本棚は、自分の家の本棚とあまり変わりがなくなってくる。

また、同じ書店に通っていると、平積みされている本の位置の変化や増減で、どんな本が売れているかいないかが、よくわかるようになる。世の中の知的な流行を実感することもできる。

●「自分の人生に必要な三〇〇冊」を全部読む法——積ん読のススメ

私は、八重洲ブックセンターに行ったときは手提げ袋一杯程度の本を買って、新幹線に乗り込むといった。むろん、車中ですべてが読めるわけではなく、家に持って帰ってからでも、多くは「積ん読」となる。

しかし、それでも私は買ってしまう。

買っても読まない本が増えることは、読書技術上、ある程度は覚悟しなければならないリスクだと思っている。

あなたも、その本を買うかどうか迷うときがあると思う。

競馬では「迷ったときは馬券を買ってはいけない」そうだが、読書では「迷ったときは買い」である。現在の出版事情からいうと、迷ったあげく買い逃すと、もう二度とその本と出会えない可能性もあるのだ。

年間七万点近くもの本が出版されるなか、書店の数は減ってきている。書店の棚はつねに飽和状態なのだ。
新刊本がぞくぞくと入荷されてくると、書店は既刊本を返品しなければ、新しい本を陳列するスペースを確保できない。そのため、既刊本を返品するサイクルはどんどん短くなっている。

要するに、今の出版事情では、これはと思う本を見つけたときは、多少値が張っても、その場で買っておかないと永遠《とわ》の別れになってしまうことがあるのだ。

そもそも、本を選ぶ技術を磨くためには、ある程度はムダな本を買う必要がある。
ムダな本も買い込まなければ、「本当に自分にはどんな本が必要なのか」は実感できないものだ。私の書斎の書棚には、和書洋書合わせて、ざっと一五〇〇冊の本があるが、そのうち、よく使うのはせいぜい三〇〇冊だろう。

しかし、残りの一二〇〇冊もムダではない。その一二〇〇冊も買ったから、自分に本当に必要な三〇〇冊の本を選びだすことができたのだ。最初から、その三〇〇冊だけを買うようなことは不可能だ。

もっといえば、「積ん読」してある本でも、買ってきたことで、すでに半分くらいは読んだものだと、私は思っている。
「積ん読」とはいえ、「目次」をながめ、「まえがき」くらいは読んでいる。それで、著者のいいたいことは、半分くらいは理解したといってもいい。そして本棚に並べておけば、無意識にそのタイトルや存在が目に入ってくるわけで、知識、思考の材料はそこそこ頭に残っていると思う。

記憶を残すための読書としては、「積ん読」は時間を必要としない、意外に効率的な方法といえるのだ。

●「良書」か「駄本」か――「書評」の正しい読み方

本を選択するノウハウの最後として、「書評」の読み方についてふれておこう。

まず、確認しておきたいのは、書評に取り上げられたからといって、いい本とはかぎらないことである。

日本は出版大国であると同時に、「書評大国」でもある。書評の対象になっている本は、膨大な数にのぼるのだ。

ざっと計算しても、新聞一紙が毎週の書評欄で二〇冊程度の本をとり上げるから、一年間で一〇〇〇冊にもなる。

地方紙を含めた各紙に書評欄があるわけで、もちろん重なりはあるにしても、その数が何千冊にものぼることは確実だろう。ほかに、週刊誌、月刊誌、専門誌など各誌が書評欄を設けている。それだけの本がとり上げられれば、むしろその中身は玉石混淆《ぎょくせきこんこう》になって当然だろう。

まして、読書はパーソナルな作業であり、読者それぞれの知識度、関心度が最終的にその本の有用性を決定する。

Aという人には素晴らしい本でも、Bという人には駄本ということもある。たとえ、書評にとり上げられた本が多くの人にとって良書であっても、あなたにとっては駄本ということもある。

というわけで、書評で激賞されていたからといって、不見転《みずてん》で買うのはいささか考えものだ。

本を選ぶ技術の基本は、あくまで書店に足を運んで、自分で選ぶところにある。

私は、書評は自分の関心領域のものしか読まないが、それでも紹介された本を自分の目で確認してから買うことにしている。

なお、自分の専門領域の読書をのぞけば、書評は新聞より雑誌のほうを参考にしたほうがいいようである。新聞は「難解でない本」を紹介すると、見識が疑われるとでも思っているのか、「難解な本」「分厚い本」「やたら値段の高い本」を紹介する傾向がある。

だいたい、書評を書く人が本を読むことが仕事になっている大学教授などであるから、自分が読んで役に立つ確率はかぎりなく低い。

いっぽう、雑誌の書評欄にとり上げられる本は、比較的読みやすい本が多い。何度もいうが、「読みやすい・わかりやすいこと」は、本の性能を計るうえでは重要なポイントである。楽しく読めれば、それだけ記憶に残る知識の歩留りが高くなることが期待できるからだ。

和田からのメッセージ——頭のいい読書術①

・「有益な本」を選ぶ唯一の方法は、「立ち読み」である。また、「本は買えば、半分読んだも同じ」と心得よ

2 自分に合った「入門書」「マニュアル書」の選び方

新しい「キーワード」「情報」をまとめてモノにしたい場合

これまで、「生産型の読書」の本の選び方について述べてきたが、この項では、仕事上の必要から特定の狭い分野を集中的に勉強しなければならないとき、あるいは資格試験向けの勉強をするときの「本の選び方」を紹介してみよう。

私は、自分が知識をあまり持っていないと思う分野については「入門書」をよく読む。たとえば、宇宙論や量子力学など、物理の最先端分野に関する本は、何年かに一度、新知識を仕入れるためにまとめて「入門書」を読む。

また、経済関係も、「インフレターゲット」など、新しいキーワードが新聞や雑誌をにぎわしていると気づくと、それに関する「入門書」を読む。平成一二年は、久しぶりに資格試験を受けたため、その受験用に「入門書」を読みまくった。

「入門書の選び方」は、「ふつうの本の選び方」以上にむずかしい。勉強を始めるときは、その分野についての知識が乏しいわけで、どの本がいいか、自力では判別できないことが多い。

そういうとき、やはり「あらまほしきもの先達《せんだつ》」である。「入門書」を買いそろえるときには、まずその道の先輩に、「どの本がいいか」聞いてみることだ。

とくに、資格試験の勉強では、このことが非常に重要になる。ある程度、自分で選べるようになるまでは、情報を選ぶ力は自分にないことを知っておくのも、重要なメタ認知だ。

そういう先輩が身近にいなくて、自分で書店に出かけて探すしかない場合もあるだろう。

そのときの一番のポイントは、「自分で読んで、よくわかる」ことである。これは、当たり前のことのようだが、「よくわかる本」を探すのは意外にむずかしい作業である。

まず、『〇〇入門』というタイトルがついているからといって、わかりやすい本とはかぎらない。「入門書」と名乗っていても、「入門書」になっていない本が少なくないのだ。

裏話をすると、企画段階では、専門的な本として企画され、著者もそのつもりで書いたのだが、タイトルをつける段になって、むずかしいタイトルでは売れないからと、『〇〇入門』というタイトルがつけられることもあるのだ。当然のことだが、このような本は、入門には適さない。それは、「入門書」ではなく、「専門書」である。

また、著者の力量不足でむずかしくなってしまったというケースもある。著者は「入門書」を書くつもりだったのだが、結局、できあがったのは、初心者にはとうてい読めないという本だ。

よくいわれるように、「むずかしいことをやさしく書くことはむずかしい」。どんな著者にでもできる作業ではない。たとえば、コンピュータ関係の「入門書」など、平気で専門用語がずらずら並んでいる。明らかに著者の力量・努力不足の本が多いといえる。

自分の〝実力以上の本〟を買ってしまうと……

また、やさしく書くことを、情報を減らすことと勘違いして、中身がスカスカの本もある。そういう本も、「入門書」には適さない。

私自身、「入門書」を書くのには非常な苦労を強《し》いられる。「入門書」は、前提知識のない人を専門世界に案内する本であり、「専門書」を書くよりもはるかにむずかしい。『痛快！　心理学』（集英社インターナショナル）という本を書いたとき、私はこのことを痛感した。

専門家どうしの話なら、専門用語を自由に使える。しかし、専門用語をなるべく避けながら、専門的なことについて語るのはきわめてむずかしい。

また、「入門書」では、専門用語について注釈を加える必要もある。説明しすぎると話が煩雑《はんざつ》になり、脱落する読者が増えていくだろう。しかし、説明しないことには、話を前にすすめられない。

いっぽう、「入門書」が理解できないことには、読者側の責任もある。

本を選ぶとき、背伸びしてしまうのである。大人たるもの、いくら初学者とはいえ、そう簡単な本は買えないという意識が働き、実力以上の本を選んでしまいがちなのである。そして最初のうちはともかく、少々話が複雑になってくると、たちまちわからなくなる。

「入門書」を買うときは、自分には見栄を張らずに、本当によくわかるものを買うことだ。

私は、まったく知らない分野については、子ども向け、ジュニア向けの本を買うことすらある。よくわかる本は、興味を持って読め、興味は記憶の源泉になる。理解しやすい本は、それだけ頭に残る確率が高くなるのだ。

その後、レベルアップした本をふたたび探しに行けばいい。

「入門書」の選び方としては、「目次」「まえがき」チェックのあと、本文をペラペラとめくり、任意のページを読んでみる。

二、三カ所読んでみて、そこに書いてあることが、理解できれば「買い」だ。その場で理解できなくても、理解できそうな感じがあれば、買ってもいいだろう。

●「ベストセラー」ではなく「ベターセラー」に目をつけよ

「入門書」は、書店で平積みにされている本のなかから選んだほうがいい。

平台の目立つところに平積みされている本は、棚に納まっている本よりも、よく売れている本である。書店は、その本が売れ筋であることを知っているから、多くの冊数を仕入れて、客の目につく場所に積み上げているわけだ。

そういう「入門書」は、大衆の自由意思によって支持されてきた本といえる。「入門書」は実用本位の本であり、新聞広告で大きく宣伝されることもない。書評にとり上げられることも少ない。

それだけ、先入観を持たない読者に選ばれてきたわけで、「ベターセラー＝役に立つ本」である可能性が高いのである。大型書店に出かけて、平台に並んでいる本を片っ端から開いてみるといいだろう。

そして、いろいろな本を見比べ、よさそうな本がいろいろあって、どれを買おうか迷うこともあるだろう。そういうときは、迷えることの幸運に感謝したほうがいい。そして、一冊ではなく、ほかの本も買っておくことだ。複数の本を買えば、それだけ質のいい情報、知識化しやすい情報に当たる可能性が広まる。

初学のあいだは、むしろ一冊の本に頼りきり、その著者の個別の意見、個人的見解に染まらないほうがいいのだ。「入門書」といえども、法律関係や経済関係の本には、相当著者の意見が入り込んでいるものだ。「入門書」を複数並行して使えば、著者の意見を相対化して読むことができる。

私の場合は、新しい分野を勉強するときは、原則として「入門書」を二冊買うことにしている。

そして、一冊はページ数の少ない本、もう一冊は分厚いものを買う。薄いほうの本で大筋を把握しながら、分厚いほうで情報量を増やしていく。また、薄い本は外出のときの持ち歩き用でもある。

最初から、あまりに分厚い「入門書」を買うのは、考えものだ。以前、各大学の経済学部ではサミュエルソンの『経済学』が教科書とされることが多かった。しかし、あの電話帳のように分厚い本を、どれだけの学生が最後まで読み通したことだろうか。

私の専門分野でいっても、フロイトの『精神分析入門』は、書名は「入門」であっても、けっして初学者向けの「入門書」とはいえない。文章は比較的わかりやすく書かれてはいるが、この学問分野を切り開いた巨人が満を持して世に問うたものだけあって、「入門」というにはあまりに高度な内容が含まれているのだ。

●文字情報、図解情報——それぞれの〝長短〟を知っておく

さらに「入門書」を選ぶときのポイントについて、三点ふれておこう。

まず、最近は、「入門書」というと「図解本」の傾向が強くなっている。たしかに豊富に図が入っていると、立ち読みしたときには、わかりやすく思えるものだ。その分、売れ行きもいいのだろう。

だが、本の容量にはおのずと限界があるわけで、図・グラフが多いということは、それだけ文章部分の情報量が少なくなっているということになる。そのため、説明不足になっていて、かえってわかりにくいということもあるのだ。

図解中心の本は、勉強の主食ではなく、あくまで副食用の本として、ある程度理解したことを補強するための本として使ったほうがいい。最初から、図解本一冊をパラパラとめくって、わかったようなつもりにならないことだ。

本のつくり方としては、各章・各項目の終わりに、要点やポイントをまとめてあるものが望ましい。

初学のあいだは、本文のどこが重要ポイントか自分ではわかりにくいものだ。その分、要点がまとまっていると、それを頭に入れることで知識の幹ができ、本文の理解がよりすすみやすくなる。

また、そういう編集上の工夫をし、手間をかけている本は、著者や編集者がそれだけわかりやすい本づくりをしようと努力している本と見ることもできる。その分、本文もわかりやすく書かれていることが多いのである。

そして、巻末に「基本文献」を紹介してある本を選ぶこと。「入門書」をある程度マスターし、さらに勉強をすすめていくとき、「基本文献」が紹介されていると、勉強の格好の道標になる。その文献リストのなかから、次の読書ターゲットを探していけばいい。

和田からのメッセージ——頭のいい読書術②

・入門書は、「薄いもの」と「分厚いもの」を複数買う。いずれも「要点・基本文献つきのもの」を買うのが基本

3 「情報を知識化する」テクニック——生産型読書術

一部熟読法——「有用な部分」のみを徹底的に読む！

今のところ、本は依然として情報を知識化するには最適の道具である。

しかし、一冊の本を読むには、それなりの時間が必要になる。そこで、現代人には速読術が必要だという人もいる。

私も速読術の本を何冊か読んでみたことがあるが、その方法論は「見出しだけを読む」「キーワードだけを読む」「段落単位で読む」などが代表的なものといえる。

これらの方法は、今さら学ばなくても、多くの人は無意識のうちに身につけ、実行しているものといえる。

いい例が、新聞を読む場合だ。新聞は、誰でも斜め読みしているし、見出しだけを読んで中身をとりあえず把握している人も多いだろう。

だが、その方法を「生産型の読書」に使うのはむずかしい。

「生産型の読書」の目的は、ただ文字を速く読むことではない。情報を吸収し、知識化して、これからの思考に役立てる必要がある。

その意味で、読む時間をいくら短縮しても、理解レベルが低かったり、記憶に残る歩留りが悪ければ、元も子もない。速読しても、それが脳に入力されなければ、知識にはならない。すると、推論にも思考にも行なえない。

つまり、頭がよくなったことにはならないのだ。

いっぽう、「消費型の読書」、楽しみのための読書では、速読すると、楽しむというそもそもの読書の目的が果たせなくなってしまう。どちらの意味でも、読むスピードを上げるだけの速読術には大きな意味はない。

そもそも、時間さえ十分にあれば、必要な本は最初から最後まで全部熟読するのがもっとも望ましい。しかし、今どき時間がたっぷりある大人はごく少数だろう。

私も同様で、もっと時間をかけて、じっくり著者と対話しながら本を読みたいと思う。しかし、それは時間的制約から許されない。

そこで、私は必要に迫られて「一部熟読法」という読書術を体験的に編み出した。要するに、その本のなかから、自分にとってもっとも必要な部分を熟読する読書術である。

●「一冊を六章」読むよりは、「三冊を二章ずつ」読め

私はもともと読書に関してやや強迫的なところがあって、二〇代までは一冊の本を最初から最後まで読まないと、気がすまないほうだった。つまらなくても、内容がよくわからなくても、最後まで著者につきあっていた。

もちろん、そういうときは、途中で空読《そら》みになったりして、頭に残ることが少ないのはわかっていたが、それでも最後までページを繰《めく》っていた。

「本は全部読まなくてもいい」と悟ったのは、三一歳のとき、アメリカに留学してからのことである。

ご存じのように、アメリカの学校に通うと、膨大な量の宿題が出る。講師は「来週までに、ここからここまで読んでくるように」と気楽に言うが、その分量は英語を母国語とする学生にとっても半端なページ数ではない。

まして、日本人が全部読もうとすれば、かなり厳しい。それでも当時の私は、本を最初から最後まで一冊全部読むことにこだわった。すると、何冊か読めない本が出てくる。

しかし、読んでおかなければ、私の英語のヒアリング能力では、講義に出ても完全にお

客さんになる。そこで私は、かぎられた時間のなかで、何とか講義についていく方法を考えた。開き直って、講師の指定する箇所だけをしっかり読むようにしたのだ。

するとそれでも何とか講義についていけた。

そして、あとで時間ができたとき、その講義用のテキストを最初から最後まで読んでみると、何のことはない最初に「一部熟読」したときに本の内容の大半は吸収していることに気づいたのである。

必要な箇所を的確に選別する講師の能力には、さすがに感心したが、今後は、読むところを自分で選んでみる決意をした。

それからは、よほどの本でないかぎり、洋書に関しては、「一部熟読」主義で通してきた。精神分析、心理学はやはりアメリカが本場だから、ひんぱんに洋書を読む必要があるのだが、今でも必要だと思う章しか読まない。

これは、日本語で書かれた本に関しても同様である。

二、三時間で読める本は別として、読むのに時間のかかる専門書、学術書は、最初から全部読み通そうとすると、途中で挫折することになりがちだ。そういう本は、むしろ「一部熟読」したほうが、単位時間当たりの頭に残る知識量は多くなる。

ふつう、本は平均六章くらいからできているが、一冊の本を六章すべて読むよりも、三冊の本を二章ずつ読んだほうが、視野は広がり、ふれる情報の量は多くなる。
そして、一つひとつの情報が新鮮だから、無意識に注意力が高まり、知識の歩留りはよくなる。

たとえていえば、どんなに好きな食べ物でも、同じものばかり食べていると飽きてくるし、栄養もかたよってくる。それよりも、いろいろなメニューを少しずつ食べたほうが、栄養のかたよりは少ない。それと同じことで、読書も数多くの本に当たったほうが、情報のかたよりは少なくなるというわけだ。

具体的なコツとしては、まず最初の一〇ページくらいは熟読することだ。

たいていの本は、そこにもっとも重要なことが書いてある。

その部分がおもしろく、説得力もあれば、そのまま最後まで読み通してもいい。あまり興味が持てなければ、「目次」を見返して、おもしろそうなところ、役に立ちそうなところだけを読めばいい。

"損切り"のやり方——どこを読む？ どこを捨てる？

本を全部読み通そうと思っているときでも、「本は前から順を追って読むもの」という固定観念は捨てたほうがいい。

一冊の本の内容を理解するには、まず、その本の大筋を把握することが必要になる。理解できるところから読みはじめ、難解なところは飛ばして読むのも、読書の大事な技術である。

とくに、読了するのに時間のかかりそうな本を読むときは、自分が何を知るためにその本を読むのか目的を明確にしておき、飛ばし読みするところと熟読するところを、あらかじめ区別しておいたほうがいい。そして、時間があれば、飛ばし読みしたところに戻って熟読する。

また、最初はおもしろいと思って読みはじめた本でも、途中まで読んで「おもしろくない」とわかれば、即座に読書を中止することだ。おもしろくないと思ったとたん、脳は注意力を失い、情報の入力はてきめんに悪くなる。

どんなに定評がある本でも、「おもしろくない本」は、今のあなたにとって「無縁な本」といえる。さっさと書棚に戻しておくことだ。

本を買ったお金はとりあえずムダになるが、読書にかかるそれ以上のコストは、時間である。ここは、潔《いさぎよ》く〝損切り〟しておくことだ。

「一部熟読」法が一番大きな効果を発揮するのは、読んだことのある本を再読する場合だ。

一度読んでいるのだから、重要な部分はよくわかっているし、大筋はわかっているから知識を入力する効率もいい。また、再読すると必ず新発見があるもので、一回目には読み飛ばしていた重要な論点が浮かび上がってきて刺激を受けるものだ。

戦後ジャーナリズムの旗手だった評論家の大宅壮一氏は、「本はいちいち読むものではない。本は引くものである」という言葉を残している。その結晶が、独特の区分法によって、雑誌、雑書を分類した「大宅文庫（財団法人大宅壮一文庫）」といえる。

私は、そこまではいいきらないが、「本は頭から最後まで読むもの」という固定観念は捨てたほうがいいと思う。

そう割り切るだけで、あなたの読書効率、知識を入力する効率は確実によくなっていくはずである。

●「本を大事に扱っている人」ほど、頭が悪い！

かつては、本を大事に扱うことが美徳とされていた。

これは現実的には、本が非常に高価な商品であったためである。

明治時代の文学者がおしなべて貧しかったのは、本が高価すぎたため、本を書いても部数が伸びず、収入が増えなかったからだ。そのいっぽうで高価な本を買うため、生活費にも困ることになったのである。

その時代、発行部数が少なかった分、本は社会の共有財産という意味を持っていた。そこで、本を大事に扱うことが美徳とされたのである。

しかし戦後、本は卵とバナナに次ぐといっていい物価の優等生であり、相対的に安価なものになった。勉強のための道具としては非常に費用対効果のいいものになった。もう、本を大事に扱うという美意識は捨てたほうがいいと、私は思う。

本はどんどん加工して、パーソナルなものに変えたほうが、自分の知識に歩留りする率は高くなる。

つまり、どんどんアンダーラインを引き、書き込みをし、付箋《ふせん》を貼って、自分用の本につくり変えていけばいい。本を本棚の飾りにする時代は、とっくに終わっている。

たとえば、本を読むとき、いちいちノートにメモをとる人がいるが、これはやめておいたほうがいい。読書にはリズムがあり、いちいちメモをとると、そのリズムが壊れてしまう。

わざわざノートに書く必要はなく、本にアンダーラインを引き、気づいたことは本の余白に書き込めばいい。そうしたほうが、あとあと情報を検索したり、自分の思いつきを検証する作業も楽になる。本の余白は、読書用のノートくらいに思っておけばいいのだ。

私は、本を読むときには、三色ボールペンを握りしめている。黒は書き込み用に使い、赤でアンダーラインを引く。青は、とくに重要と思ったことや、明らかに著者の主張がおかしいときなど、特別にひっかかってきたところに使う。

本の内容をカード化する人もいるが、これも効率のいい方法ではなくなってきている。昔、研究者のあいだでは、読書カードをつくることは、研究上の基礎作業だった。本から重要部分をカードに書き出し、カードボックスに保存して知識を貯蔵していたのである。昔、私が学部の学生だったころには、教授の部屋には必ずカードボックスがあったものだ。しかし、この手法は、昔ほど流行《はや》らなくなっている。

昔は、本は大学図書館のもので、手元に置いておけないことも多かったし、また昔の研究者は本を汚すことに抵抗があったのだろう。しかし、本が相対的に安価になった今は、そんな必要はない。

私も、大学生時代までは、カードをつくるのが好きだった。

5章の試験勉強術で述べるように、受験のための記憶用にはカードは非常に有効な手段である。

しかし、大人としての勉強を始めて、試験対策以外の勉強では、カードを使うよりもパーソナル化しておいた本を直接引いたほうが、情報へのアクセスが速いことがわかってきた。今の私は、昔ならカード化したような重要部分について、付箋をどんどん貼りつけている。

付箋は、よくある幅数ミリ程度の細長い形のものではなく、八センチ四方程度の大きなものを用意している。

そして、それに付箋を貼った理由を書いておく。賛成できるところ、論旨に対して不満なところ、理解が困難なところなどに、感想を記入した付箋を貼るわけだ。すると、その本の情報がどんどんパーソナルなものになっていく。

いっぽう、細長のふつうの付箋をいつもポケットに入れておき、電車内での読書など、書き込みがしにくいときに使っている。しかし、よく忘れるため、そんなときはびしびしページの角を折る。一冊の本で三〇カ所くらい角を折っている本もある。

なお、本を装飾している付属品は、勉強のじゃまになるようなら、どんどん捨ててしまうこと。

箱やケースなどは、迷わず捨ててしまうことだ。帯がかかっている場合は、読むのにじゃまならはずしてしまうこと。カバーもつるつるして読みにくければ、捨ててしまえばいい。本はていねいに扱うと、たちまち本棚の飾りになってしまう。

●「一冊」で、人の「二倍」頭がよくなる読書術

ユダヤにこういう格言がある。「多くの者は、考えたくないため、逃れるために本を読む」。

孟子には次のような言葉がある。「尽《ことごと》く書を信ずれば、則《すなわ》ち書無きに如《し》かず」。要するに、先人のいわんとするところは同じである。本に書いてあることを無批判にすべて受け入れるようであれば、本を読む価値はない、単なる暇つぶしに終わるという意味である。

本は、むろん著者の意見を理解するために読む。しかし、著者の主張を無条件に受け入れるのは、考えものである。

また、すべてが受け入れられるような本は、そもそも自分の意見に合った本だろう。そういう本しか読まなければ、本を読んだところで自分の知識をなぞるだけのことである。知識も増えないし、頭もよくならない。「単眼思考」を強化するだけに終わるかもしれない。

そこで、勧めたいのが、本を「批判的に読む」ことだ。

各段落ごとに、「ここは共感できる」「ここは納得できない」「ここは疑問だ」などと考えながら、本を読む習慣をつける。そうしながら、二、三冊、教養的な新書でも読んでみれば、そういう読み方がかなり身についてくる。

「生産型の読書」の最終目的は、自分オリジナルの知的なアウトプットを生み出すことにある。そのためにも、本は批判的に読むことが必要なのだ。

もう一つ、孟子の言葉を紹介しておこう。

「読書尚友《どくしょしょうゆう》」。書を読み、そこに書かれた内容を通じて、賢人を友とする楽しみを意味する言葉だ。しかし、ただ本に書いてあることを鵜《う》呑みに信じ込むだけでは、著者を友人にすることはできないだろう。

和田からのメッセージ——頭のいい読書術③

・まず「本は全部読むもの」という悪しき先入観を捨てる。さらには、「読書ノート、読書カードづくり」は〝時間のムダ〟と心得よ

4 どうつきあうか、どう利用するか――「新聞」「雑誌」

情報のパーソナル化――まず「紙袋」を二つ用意しよう

新聞、雑誌には、活字媒体として大きな長所がある。

「気軽に読める」ことを習慣化しやすい点である。まったく本を読まないという人でも、新聞だけは読んでいるという人は多いだろう。

その意味でいっても、日本独特の「新聞宅配制度」は優秀なシステムだと思う。毎日宅配されるから、新聞を読むことが習慣化される。

そのため、日本人の平均的な教養レベルは底上げされている。外国では、新聞の宅配制度が充実していないため、新聞すらめったに読まない人、活字情報とまったく無縁という人も少なくないのである。

いうまでもなく、一般教養を身につけるためには、新聞は不可欠な存在だ。

一般的な教養は、思考の基礎資材といってもいい。

専門分野について考える場合でも、一般教養に乏しいと、「単眼思考」に終始したあげく、独りよがりな誤った結論に迷い込みがちである。いわゆる〝専門バカ〟ということになる。

とくに、業務上の問題解決なり、スキルの向上なり、仕事用の勉強をしているときは、新聞を読むことにふだんより時間をかけて読んだほうがいい。はっきりした目的を持っているときは、意外な情報が知的な刺激を伴って、向こうから目に飛び込んでくるものだ。

そして、これはと思う記事を見つけたときは保存することになるが、きれいに切り抜き、スクラップブックに貼るのは、時間のムダである。

スクラップブックは、多くの人間で使い、情報を共有資産にする場合には便利な道具だが、自分専用の情報にはそんな手間をかける必要はない。自分がわかればいいのだから、そこまで時間をかけて整理する必要はないわけだ。

私は、必要な記事を見つけると、びりびりと破き、そのまま紙袋のなかに放り込んでおく。いちいちスクラップブックに貼るよりも、必要なときに紙袋のなかを探したほうが、要する時間は短くてすむ。

スクラップ作成に時間をかけるくらいなら、一つひとつの記事をちゃんと読んだほうが、よほどいい。

また、私が新聞をびりびり破くのは、残すべき情報をそのときその場で確保するためだ。印をつけてあとで切り抜こうなどと思うと、忘れるか面倒になり、せっかくの情報を失うのがオチである。本を読むときに、その場で付箋を貼り、角を折るように、新聞情報もその場でパーソナル化したほうがいい。

そして、私の場合は、破りとった必要記事が、二、三カ月分で紙袋一杯程度たまる。整理はいっさいしない。

二袋(四~六カ月分)くらいは机の近くに置いておき、それ以上古くなると、書斎の隅に追いやることになる。古い記事はとってはあるが、利用することはほとんどない。新聞はあくまで「ニュース」であり、長く保存しても、それほどの情報価値はない。

私の場合、捨てる決断力がないため、スペースが許すかぎり保存しているが、再活用することは、これからもほとんどなさそうだ。

●週刊誌が「生産型の読書術」に使えない理由

雑誌、とくに週刊誌は、私は基本的に楽しみのために読んでいる。

『週刊朝日』『週刊文春』『女性セブン』は、連載を持つなど書き手側だったため、出版社が定期的に送ってきてくれるから、ざっとは目を通す。自分で買ってまで読むことはほとんどない。

週刊誌の記事は、新聞に比べればニュースとしては古いし、月刊誌よりは一本一本の記事の掘り下げが甘い。さらには、信憑《しんぴょう》性にも欠けるところがある。

取材を受ける経験からして、取材者、書き手のレベルが特定分野に関して必ずしも高くないこともわかっている。

そのため、「生産型の読書」には、ほとんど利用できないのである。むろん、読んで気分転換になるという点では、重宝しているが。

いっぽう、総合月刊誌は、かなりの数の論文・記事を、相当のエネルギーを費やして読んでいる。

総合月刊誌の二〇ページ程度の論文であれば、単行本一冊よりも情報性が高いこともあるのだ。

この国の論壇には、総合月刊誌には「一生懸命書く」という雰囲気がまだ残っている。私自身、原稿用紙一枚当たりの時間と労力を一番かけて書いているのは、月刊誌だろう。

私は、月刊誌は単行本と同じような方法で読み、保管している。

要するに、書き込みをし、付箋を貼りながら読み、必要論文だけを切り離したりせず、そのまま保管している。切り取ったり、コピーすると、私の場合、確実になくしてしまうのだ。

和田からのメッセージ——頭のいい読書術④

・時間がないとき、必要最小限の情報が欲しいときは、「単行本」でなく、「月刊誌」に当たる

5　どうつきあうか、どう利用するか——「辞書」「事典」

「辞書を引くタイミング」に、ちょっと気をつけるだけで

書物のなかでもっとも情報量が多いのは、辞書・事典類である。分厚い単行本も、情報量という点では太刀打ちできない。

そこで、「辞書は引くものではない。読むもの」という人も現れるわけだが、やはりそれは一種の精神論的訓話であって、現実的にいえば、辞書を最初から読むほど下手な知識の吸収法はないだろう。

辞書・事典の類は、読み物としては最低の本であり、ふつうの人が通読にチャレンジすれば挫折することは必定である。私も、辞書・事典をどんな薄いものでも、通読したことは一度もない。

しかし、それでも私は、かなり辞書・事典好きのほうだといえるだろう。引いてきた回

数も人一倍多いと思う。たとえば、英語の単語など、繰りかえし英和辞典を引くことで覚えてきた。

高校時代、英単語の記憶法をめぐって、友人と〝論争〟をしたことがある。

友人は大学受験用の単語集を使って英単語を覚えていた。いっぽう、私は、英語の長文を読みながら、知らない単語が出てくると辞書を引き、しこしこと記憶用のカードをつくって覚えていた。

あるとき、友人は言った。「和田、おまえのやり方はまだるっこしいなァ。いちいち辞書を引いたら、その分、時間のムダやないか。先に単語を覚えたら、その時間をはぶける」。

つまり、先に単語を覚えてしまえば、長文を読むときに辞書を引く作業が省略できるというわけだ。

しかし、私は彼の意見を参考にはしなかった。

私は、単語集では英単語を覚えることができなかったからである。覚えたと思っても、すぐに忘れてしまう。

復習が追いつかないくらいに、どんどん忘れてしまうのである。今から思えば、単語集を使って覚える方法は、機械的な暗記になりやすい。おそらく、私の機械的な暗記能力は、彼よりもかなり劣っていたということだろう。

そこで、いちいち英和辞典を引く必要が生じたともいえる。辞書を引くと、まず、「引く」という行動があって、視覚以外の感覚が刺激される。

また、単なる単語集よりも一つひとつの単語についての記述が多い分、理解型で記憶しやすくなる。

さらに、当時の私はカードをつくっていたから、手で書くという行為が記憶を深くする。そして、何度も引くことで確認（復習）することになる。辞書を引くという作業は、記憶を定着させる要素をほぼすべて備えているといってもいいのだ。

私と友人のどちらが正しいかは一概にはいえないが、私の方法のほうが多くの人に通用しやすいとは思う。

『現代用語の基礎知識』を使った、私の「理解型勉強術」

辞書を引く作業は面倒くさいようだが、慣れてくるとどんどん速く引けるようになる。

英和辞典なら「M」、国語辞典なら「さ」が真ん中にくることを知っているだけでも、単語へのアクセスは確実に速くなる。

私が最近よく引いているのが『現代用語の基礎知識』(自由国民社)である。

近年、心理学の視点から経済現象を解明することを関心領域としているので、『日本経済新聞』や経済書を読む時間が増えている。ただ、もともと専門でないだけに未知の専門用語とよく出会うことになる。

そんなとき、『現代用語の基礎知識』を引く。最近は、カードこそつくらないが、意識的に注意力を高めて読んで、頭に入れるようにしている。

また、『現代用語の基礎知識』のなかを〝サーフィン〟することもある。

たとえば、「ペイオフ」を引くと、その前後には金融関連の情報が載っているし、記事のなかには「預金保険機構(別項)」というように、ほかの〝サイト〟が紹介されていることもある。

そういう関連項目をネットサーフィンするように、次々と読んでいくわけだ。

すると、専門用語どうしの関係を理解型で把握でき、一つひとつの言葉についての記憶も強化されていく。事典が入門書代わりにもなるわけである。

さて、辞書・事典類の買い方についてふれておこう。

これらは特殊な本であり、「目次」や「まえがき」を読んだところで、ほとんど意味はない。

それよりも、よく知っている単語、よく知っている言葉を引いてみることだ。その記述が充実しているように感じれば、あなたのレベルに合った辞書・事典だといえる。

また、作家の井上ひさしさんは「辞書の初版は絶対に買わない」と言っている。たしかに、辞書の初版には、誤植や単純な記述ミスがつきものだ。なるべく、版を重ねたものを買うのが望ましい。

なお、辞書の箱は、単行本同様、捨ててしまうこと。そして、本棚には入れないこと。辞書はひんぱんに引いてこそ、その値段に見合うものになる。本棚に入れると、とたんに単なるブックエンドになってしまう。

和田からのメッセージ——頭のいい読書術⑤

・辞書・事典を買うときは、まず、「よく知っている単語」を引いてみるのがポイント

6 和田式「反」整理法——情報は整理するな

「使える情報は、その場で段ボールへ」という方法

『「捨てる！」技術』（宝島社／辰巳渚）という本が売れたが、私は捨てられない人間である。

だから、前にいったように、見返すことがないとわかっている古い新聞記事まで保管している。それは場所ふさぎになり、ときには夫婦ゲンカの火種にもなる。

しかし、私は捨てることが不安なのである。今のところ、その不安と戦ってまで、捨てるつもりにはなれない。

かといって、ため込んだ情報の整理に時間をかけているわけでもない。自分のための情報整理に、うわべの体裁をとりつくろう必要はない。自分で、中身を大ざっぱに把握していれば十分なのだ。

私は、自分の情報整理法を、勝手に「カテゴリー別・段ボール方式」と呼んでいる。ただし、ノウハウというほどのものではなく、情報をカテゴリーごとに、大型の紙袋か段ボールに入れていくだけのことだ。

そのカテゴリーの数も、ごく少ない。

情報の検索に関する一番のムダは、どこにその情報をしまい込んだかわからなくなるなど、情報を見失うことだ。そして、私は、情報はていねいに細かく整理するほど、見失いやすくなると思う。

たとえば、「ペイオフ」関係の資料を、「経済政策」「金融問題」のどちらに分類するか迷うことになる。

また、強引にどちらかに分類すると、今度は探すときに困ることになる。結局、両方のカテゴリーを探しまわることになる。それなら、最初から「経済」と一括《ひとくく》りにしておいたほうがいい。

情報整理はシンプルにしたほうが、かえって便利なのだ。

私の場合、具体的にいうと、ここ二、三年、単行本を書き下ろすことが増えているので、一冊の本を書くときに使った資料が、すべて同じ段ボールのなかに放り込まれることになる。

すると、それはカテゴリー別になるだけでなく、時系列の整理にもなっている。

「あの本を書いたときに使った資料だな」と「エピソード記憶」を活用すれば、どの段ボールに入っているか、すぐに見当がつく。むろん、私以外の人にはどの段ボールにどの資料が入っているかはまったくわからないが、個人用の情報整理としてはそれで十分なのである。

ただ、部屋に段ボール箱がゴロゴロしているわけで、見栄えは相当に悪い。だが、仕事上の便利さには代えられない。

そして、現在書いている原稿に必要な資料は、手が届き、目に見えるところに置いてある。

パソコンデスクの両脇の机の上など、書類が散乱することになるが、これは私にとって、一度にいろいろな資料、多くの情報に目を通すことができる代替不能な環境なのだ。

「机の上を片づけると能率が落ちるケース」とは?

一つの仕事にきりがつくまで、私は机の上や部屋を整理しない。

夜、仕事を終えるときも、机の上を片づけたりはしない。寝る前にいちいち片づけると、前日の仕事・勉強からの心理的な連続性が失われて、翌日の立ち上がりに時間がかかってしまう。

机のまわりをきれいに整理する人は、仕事も勉強もできない人だと私は思う。

そもそも、日本人は、情報の整理が好きすぎるのだと思う。情報を知識化することではなく、情報整理自体が自己目的化している人も多いようだ。

私は情報整理への過剰な熱心さを〝情熱〟と呼んでいる。むろん、〝情熱〟の虜になると、肝心の勉強をする時間がなくなってしまう。

情報に関していえば、その整理よりも、むしろ情報の収集に〝情熱〟を傾けたほうが、よほどいい。

情報収集の効率を上げる大前提は、収集の目的をはっきり持つことである。

人間の感覚器官は、目的がないときは、情報を拾いあげない。

たとえば、歯が痛みはじめると、急に歯科医院の看板が目に止まるようになる。旅行に行くことが決まると、急にその旅行先関連の雑誌の見出しが目に入ってくるようになる。人に手伝ってもらうときも同様に、目的を明確にすることが重要で、私の場合、編集者に情報を集めてもらうとき、頼み方が悪いと、集まってくる情報の質はてきめんに悪くなる。収集の目的がはっきり伝わっていないためである。

私は、「情報を捨てる技術」よりも、「整理する技術」よりも、「情報を拾う技術」のほうが、よほど大事だと思う。

知的アウトプットを生み出すとき、よくデータを集めたなと思っても、仕事を始めると、必ずまだ足りないことに気づかされるものだ。

情報をていねいに整理する時間があるくらいなら、もっと多くの情報を集め、読み込んだほうがいい。

和田からのメッセージ――頭のいい読書術⑥

・「情報を整理する時間」を、「より多くの情報を集める時間」に変えてみよ

5

「頭」のいい試験勉強術

——「役立つ資格」を最短時間でとれる人

5

1 「人生にプラスになる資格」の選び方・とり方

「あなたの人生に絶対必要な資格」とは？

平成不況が生み出したものの一つに、「資格ブーム」がある。

リストラを予防し、また、失業しても資格を持っていると「安心だから」ということで、資格の取得を目ざす人が増えたのだ。学生のあいだでも、大学に通いながら、専門学校、資格予備校にも通って資格取得を目ざす「ダブルスクール」というスタイルが珍しくなくなった。大学や短大にも、資格取得を目的とする特別講座を開くところが増えている。

たしかに、企業に勤めることが生涯の安定を保証しなくなった今、資格の取得には、人生設計上、いくつかのメリットがあるといえそうだ。

まず、就職・転職のさいに、資格を生かせる仕事につける可能性が高い。

とくに、これから伸びるであろう医療、衛生、社会福祉関係は、資格がないと、その職業自体につけないものが多い。また、能力主義の風潮のなか、資格を昇進・昇給の目安にする企業が増え、能力給を支給する企業も増えている。

また、資格を持っていれば、独立の可能性も広がる。この不況下、社会保険労務士や司法書士など、独立可能な資格に人気が集まっているのも、そのためだろう。

終身雇用制度が崩壊しはじめた今、これから資格の取得を目ざす人は、ますます増えていくだろう。受験者が増えれば、むろん試験はどんどんむずかしくなっていく。その意味では、資格の勉強を始めるつもりなら、一刻も早く始めたほうが合格の可能性は高くなるといえる。

資格を目ざす第一歩は、やはりはっきりした目標を設定することである。どの資格を目ざすか、はっきりと照準を定めることだ。

資格には、たとえば宅建、行政書士、司法書士など、試験科目が共通している資格も少なくない。

だが、「行政書士を目ざすつもりで、あわよくば司法書士も」というようなあいまいな目標設定をすると、アブハチとらずに終わる。あとでふれるように、資格試験には、試験ごとにはっきりとした出題傾向がある。大学受験以上に、傾向と対策に基づかないと、短期間での合格はむずかしくなる。

●「大人の勉強」を三日坊主で終わらせないコツ

資格を選ぶときの一番のポイントは、「自分の興味を最優先させる」ことだ。

何度もいうように、人間は興味が持てないことを勉強すると、能率が非常に悪くなる。とくに、「大人の勉強」の場合、学生と違って強制的に勉強させられるわけではない。上からのプレッシャーが弱い分、おもしろくないと、すぐに自分で言い訳をつくって、勉強そのものをも断念することになりやすい。

しかも、大人が資格を取得するということは、その資格を生かした仕事につくということを意味している。興味が持てない資格をとると、取得後、おもしろくない仕事につくことになる。

いくらコンピュータ関係の資格が今後有望だといっても、コンピュータに興味がなければ、やめておくことだ。興味が持てない仕事を続けることほど、人生、虚《むな》しいことはない。

第二に、自分の能力とキャリアに見合った資格を選ぶことだ。

私の場合は、医師資格、神経学会の認定医資格、医学博士号、臨床心理士という四つの資格を取得してきたが、すべて自分のキャリアの周辺を広げてきたものといえる。

むろん、自分のキャリアを生かすと、これまでの古い知識がある分、試験勉強は楽なものになるし、取得した資格を仕事に生かしやすい。私は、法律や法思想もおもしろい学問だとは思うが、今から法律関係の試験に挑む気はない。現在の自分の能力に見合っているとは思えないし、今の仕事に直接生かせないからである。

第三に、せっかく資格を目ざすのであれば、「社会的に評価される資格」を目ざすことだ。たとえば、英語検定試験を受けるのなら、準一級か一級に挑みたい。企業の採用では、英検の二級まではないよりもマシという程度の扱いしかされない。準一級以上とは雲泥の差があるのが現実だ。簿記試験を受けるのなら、最終的には一級までとることを考えて勉強することだ。

また、高い目標を持つことは、資格試験にかぎらず、重要な試験に受かるコツといえる。英検一級を目ざせば、失敗しても準一級に受かる可能性は高くなる。

逆に、最初から二級を目ざしていたのでは、準一級以上に受かることはありえない。

「試験勉強」と「ふつうの勉強」は勉強法が全然違う！

では、目ざす資格が決まったあと、どのように勉強していけばいいのだろうか。

まず、最初にいっておきたいのは、「試験勉強」と「ふつうの勉強」には、相当の違いがあるということである。

「ふつうの勉強」の目的は、思考力を豊かにし、最終的に知的なアウトプットを生み出すことにある。

いっぽう、「試験勉強」の目的は、各試験の合格ラインを一点でも超えることにある。むろん、ともに勉強である以上、通底する原則は変わらないが、「試験勉強」のほうがより技術的、テクニック的な手法が必要になってくる。私は、本質的な意味での勉強をする時間をつくるためにも、「試験勉強」は短時間でこなす技術が必要だと思っている。

さて、短期間で資格試験に受かろうと思えば、まず、専門の予備校に通うことだ。これは、資格試験合格の王道といってもいい。講義を受けることと、自分で勉強することは、「試験勉強」の両輪といえる。どちらかを欠くと、車は王道コースからはずれてしまう。

私が、予備校を勧めるのは、四つのメリットがあるためである。

第一は、自分で参考書を読んで理解できないことでも、講義という話し言葉で情報を受け入れると、より理解しやすくなることである。わからないことがあれば講師に質問できるので、理解がすすむというメリットもある。

また、記憶面でいっても、講義を聴くと、情報を視覚だけでなく、聴覚でも受け入れることになる。授業に出るという体験が、「意味記憶」を「エピソード記憶」に変えることも期待できる。理解がすすみ、記憶の入力がよくなれば、むろん試験での得点力アップにつながっていく。

第二のメリットは、情報戦上、予備校に通っていない人に対して優位に立てることである。資格試験には情報戦の部分があり、「傾向と対策」に応じた勉強が必要だ。むろん、専門予備校に通えば、そういう情報は入手しやすくなる。

予備校に通う第三のメリットは、勉強を持続する動機づけになることである。「大人の勉強」には上からのプレッシャーが弱いため、自分の意思でいつでも勉強をやめることができる。ところが、予備校に授業料を前納してしまうと、人間は「もったいない」「元をとろう」という気持ちになるものだ。これが、勉強を継続する大きな動機になる。

とくに、仕事を持ち、時間のない人ほど、学校に通ったほうがいい。

忙しい人ほど、勉強に挫折しやすいわけで、強制的に拘束されたほうがいいのだ。最近は、社会人向けに、夜間課程を設けている専門予備校がどんどん増えている。

平成一二年度の文部省（現文部科学省）統計によると、全国で四万二〇〇〇人が専門予備校の夜間部で学んでいる。とくに、都市部では夜間部を持つ学校が増え、東京の場合は五割以上が夜間部を設置している。地方で、そういう学校がない場合は、休日コースに通えばいい。

私の場合も、二〇代の半ば、慶應大学の医師、臨床心理士向けの精神分析学セミナーに通ったことが、今の専門を発見するきっかけになった。研修医やレジデントの時代で、ほとんど休みもとれないくらいに働いていた時期だが、ムリして払った授業料がもったいないと思って皆勤するうち、精神分析がおもしろくなってきたのだ。

そして、予備校に通う第四のメリットは、勉強仲間ができるかもしれないことである。試験勉強には、いっしょに試験を受ける仲間がいるに越したことはない。一人よりも二人のほうが、勉強する動機は持続しやすくなる。

仲間がいれば、受験情報の入ってくる窓口も広がる。不安になったときにはサポートしあえる。この勉強仲間の効用については、あとでくわしく説明しよう。

授業料の元はとる！ 大人のための「予備校の選び方」

予備校の授業料は、けっこう大きな出費になる。

場合によっては、中古車よりも金額的に大きな買い物になることがある。加えて、時間というコストもかかってくるわけで、下手な予備校を選んでは大きな損害をこうむることになる。車選びよりも、はるかに慎重に選んだほうがいい。

まず、基本的な条件として、カリキュラムが自分の目的に合ったものかどうかを、よく調べることだ。入学案内書にはカリキュラムが載っているから、数校の案内書をとり寄せて、よく比較検討するのが望ましい。

比較のポイントは、学校設備や生徒の数ではない。重要なのは、「合格率」（合格者数÷在籍者数）と、合格までの「平均期間」である。大学生がダブルスクールとして通うような場合は、就職状況をよくチェックする。その実績は、その学校の社会的評価とほぼ一致する。

そして、できるかぎり学校見学、体験入学の制度を利用することだ。

専門予備校では、学校見学は随時受けつけてくれるところが多いし、希望すれば担当者から説明を受けることができる。体験入学制度を設け、試験的に授業を受けさせてくれるところもある。「これは」と思う学校があったら、入学する前に見学しておくことだ。

おおむね、専門予備校の授業内容に、そうひどいものはない。

カリキュラムは目的に沿って練られているし、講師は教え方のプロだ。予備校講師にとって教室は職のかかった真剣勝負の場であり、大学の先生のように〝百年一日〟のつまらない講義をする人は少ない。

私も、いくつかの大学で講師をし、一般向けの講演を頼まれることもある。そんなとき、話す以上はおもしろい講義、実のある講演をし、学生や受講者を満足させたいと思う。そう考えるのが、ふつうの講師だ。そして、聴衆の反応が悪ければ、次はどう話そうかと懸命に考える。

そのように、ものごとを人に教えるプロとして工夫のない講師は、講師の名に値しない。ところが、ほかに競合する予備校が少なく、競争がないような地域では、そういうダメ講師が生き残っている可能性がある。体験授業を受けてみて「おもしろくない話」と思えば、その予備校に通うのはやめておいたほうがいい。

そして、もう一つ重要な選択のポイントは、通学時間である。時間のかぎられた社会人にとって、長時間の通学は大きな負担になる。学生時代の二倍以上は効いてくると思っていい。会社からも自宅からも近い学校を選ぶのが望ましいことはいうまでもない。

和田からのメッセージ——頭のいい試験勉強術①

・予備校の優劣は、「合格率」と「合格までの平均期間」でわかる

2 頭のいい「人脈のつくり方」とは?

●勉強会活用法――「他人のやり方」をどう応用するか

資格試験は、最終的には一人で受けることになる。

しかし、そのための勉強生活まで、孤独なものと考えないことだ。

私の出身校である灘高をはじめとして、いわゆる「受験校」の強みは、受験仲間が大勢いることである。仲間がいれば、いろいろな点でサポートしあえ、得点力は伸び、合格の可能性は高まる。

とくに、大人が資格を目ざすときは、孤独な戦いになりがちだが、一人ではなかなか合格できないと思っていたほうがいい。そのためにも、勉強友だちと出会う場として予備校に通ったほうがいいのだ。

また、勤めている社内に、資格試験の勉強サークルがある場合は、積極的に参加したほうがいい。

私は、ふつうの勉強会は、それほど有効な勉強法だとは思わない。

これまでいろいろな勉強会に顔を出してきたが、たいていは講師の話を少々うかがって、あとは親睦が目的の会になっている。むろん、大人社会では、そういうつきあいに意味がある場合も多いのだが、勉強という点にかぎれば、本当に身につく勉強になっているかどうか疑わしい。

ただし、試験勉強に関しては、勉強会はかなり有効である。

私自身、試験勉強会に参加することで、ようやく医者になれたといえる。学生時代、私はアルバイトに明け暮れ、ほとんど授業に出ていなかった。医学部九〇人のなかで、下から五番目くらいの成績で、大学六年生の七月になって、さすがに「これでは」ということになり、バイト量を減らして、国家試験対策にとりかかった。

まず、夏休みの二カ月をかけて、有名な「朝倉の内科学」（『内科学』朝倉書店／上田英雄・武内重五郎総編）という一二〇〇ページほどもある本をひたすら読んで暗記しようとした。

ところが、いっこうに頭に入らないし、試しに模擬試験を受けてみると、悲惨なまでにできない。東大の国家試験合格率は九〇パーセント前後で、毎年一〇人近くは落ちる。

「これは落ちるな」と途方に暮れていたとき、友人の一人が国試対策の勉強会に誘ってくれた。

その勉強会の勉強法は、あとでくわしく述べるが、徹底的な「過去問研究」だった。私はその勉強法を盗み、四カ月後の模擬試験では、合格点に三点足りない五七点まで成績を伸ばすことができた。

この時点の五七点は、かなり危ない成績だったが、あと四カ月（国試は五月だった）あれば、合格点をとれるという確信があった。じっさい、国試では自己採点で八〇点近くとれていた。

勉強会で情報を交換すると、お互いの勉強法が参考になり、得点力が急に伸びることが少なくないのだ。

ここで声を大にしていっておきたいのは、「友人が落ちれば自分が受かる可能性が高まる」「蹴落としてやろう」などというケチな考えを持たないこと。試験に受かるのは、たった一人ではない。

友人と協力しあい、ほかの受験生を超える力を身につけて、二人いっしょに受かればいいのだ。

ケチな考えを持つと、「人を呪わば穴二つ」となるのがオチである。

●「合格者」「先輩」に必ず聞いておくべきこと

資格試験を目ざすときは、可能なかぎり人脈をたどって、同じ試験に先に受かった〝先輩〟を探しだすことだ。

とくに、苦節何年というタイプではなく、短期間の勉強で合格した要領のいい先輩を探すことをお勧めしたい。そういう人は、その試験に関して、何らかのノウハウをつかんだ人、いわばその試験の達人といっていい。

そのノウハウを綿密に取材することだ。

とくに知っておきたいことは、五点ある。

①どの参考書、解説書、入門書、問題集がわかりやすく、実戦的だったか
②予備校は、どの予備校が一番すぐれているか
③合格には、トータルでどのくらいの勉強時間が必要だったか
④一番点のとりやすい単元、とりにくい単元はどこか
⑤勉強生活のなかで、何が一番効果的だったか、何が一番ムダだったか

以上のようなことがわかれば、何を、どのように使い、どれくらいの時間をかければ合格できるか、合格の戦略・戦術は一挙に立てやすくなる。

じつは、こういう話は、予備校の講師に聞いても、なかなか本当のところはわからないものなのだ。彼らは、試験科目のなかの一科目の専門家のため、どうしても自分の専門とする科目に目が行きがちだ。

しかし、試験は通常、何科目もあるわけで、合否はその総合力によって決まる。総合力を身につけるうえで、もっとも頼りになるのは、要領のいい〝合格先輩〟なのである。

とにかく、講師、友人、先輩などの「人脈」をつくり、それを駆使して試験を楽なものにするのも、大人の知恵である。時間のない大人が若者に対抗して資格に挑むには、大事なテクニックといえる。

和田からのメッセージ――頭のいい試験勉強術②

・〝苦節何年タイプ〟ではなく、短期間に合格した「先輩」から話を聞け

3 試験勉強術――まず「過去問」にあたる!

「過去問」勉強法――同じ「勉強量」で、なぜ「得点」に差がつくのか

資格試験、公務員試験、入学試験――「試験」と名のつくものに共通する重要な勉強術がある。

「過去問」を最大限に利用することだ。

いうまでもなく、試験には情報戦の部分がある。出題傾向を熟知していれば、同じ勉強量でも、答案をつくる力は確実に高まる。

その意味で、過去に出題された問題、つまり「過去問」は、得点力に直結する試験情報の宝庫なのである。「過去問」を分析すれば、出題形式や難易度、問題量を含めた出題傾向をあますところなくつかめる。それを知ってはじめて、合格に結びつく勉強計画、勉強法を決めることができる。

じっさい、近年、各大学院の入試は、どこの大学院の研究科でも、「過去問情報」の争奪バトルの様相を呈《てい》している。大学院入試では、「過去問」の入手が合格の絶対条件になってきているといってもいい。

もともと、大学院、とくに理科系の大学院入試は、情報戦の部分が大きかった。学内にいると、それぞれの研究室からさまざまな〝院試情報〟が流れ出てくる。「あの研究科は、学部の成績がトップクラスでないと入れない」「あそこはオーバードクターをかかえているので、今年は成績がよくても入れない」というような情報がたえず口コミでささやかれているものだ。

そして、大学院を目ざす学部の学生が、血まなこになって集めているのが、「過去問情報」である。院試の「過去問」は、公開されて教務課などで販売されていることもあれば、まったく公開していない大学院・研究科もある。公開されていない研究科をめぐっては、先輩らのつてをたどって、「過去問情報」が争奪されることになる。

入手バトルの対象となっているのは、前年度の問題だけでなく、過去一〇年程度の試験問題、さらには担当の指導教授が学部で使用しているテキスト、講義ノート、期末試験の問題、演習のテキストなども含まれている。大学院進学を決めている学生には、学部の一年のときから「過去問」を入手して、勉強の方向を決めている人もいる。

●得点至上主義――「絶対に点数を稼がなければならない」場合

また、東大では、教養学部（駒場）の一般試験から、「過去問」を入手することは試験対策の常識になっている。

東大には独特の進学振り分け制度があって、駒場（一・二年まで）から本郷（三・四年）に進級するとき、自分のすすみたい学科に志望書を出すことになるが、このとき同じ学部内でも、人気のある学科には一般試験の成績がよくないとすすめない。自動的に第二志望、第三志望に振り分けられてしまう。

そのため、志望のコースにすすむには、一般試験である程度の成績をとっておく必要がある。そこで、てっとり早く成績を上げるため、「過去問」を入手して傾向と対策をつかむことが常識になっているのである。

私が学生のころから、つまりもう二〇年以上前から、クラスごとに試験担当者（通称シケタン）が複数選ばれ、彼らが「過去問」を入手し、「シケプリ」（試験用プリント）と呼ばれるその傾向と対策をまとめたペーパーを作成する。一般試験前には、このシケプリをいかに数多く入手するかが成績を上げる近道となっている。

大学院入試や東京大学という最高学府で繰り広げられている、こういう得点至上主義の試験対策を嘆かわしいと感じる人は少なくないだろう。

しかし、私はそういう学生ばかりを責めることはできない、と思う。「過去問」中心の勉強がそこまで試験対策として有効なのは、毎年同じような問題を出題する大学、教授側により大きな問題があるといえる。

十年一日、同じような問題を出題するから、「過去問」勉強が大きなパワーを発揮するのである。

ともあれ、大学院志望者、東大生たちは、こと試験に関しては、受験戦争というトーナメント戦を勝ち上がってきた最終勝者といえる。

その分、頭の本質的なよしあしは別として、受験技術には長《た》けた集団といっていい。そういう試験の勝ち組がこれだけ「過去問」にこだわっているわけで、その点を軽視したら試験では敗者になってしまうことは間違いない。

一般の資格試験でも、「過去問」勉強は、非常に有効な勉強法になる。資格試験もやはり十年一日、類似問題が繰りかえし出題されているからである。資格試験を含め、およそ試験と名のつくものは、毎年、「過去問」に類似した問題が繰りかえし出題されているといっていい。

「過去に出題されたから、もう出ないだろう」と考えるのは間違いで、「過去に出たから今年も出るだろう」と考えるのが正しいのだ。

とくに資格試験の場合は、試験の性格上、類似問題が繰りかえし出題されるのは、ある程度やむをえない面もある。

資格試験の目的は、その人の頭のよしあしや独創性を問うことではなく、その資格の取得に必要な知識や技能を有しているかを問うことにある。おのずと、問うべき内容はかぎられてくる。また、年によって出題の難易度を変えれば、社会的な批判を浴びることにもなるだろう。

試験勉強は「サンドイッチ形式」で進行せよ

私は、試験勉強の指導者としては、これまで大学受験生に「過去問サンドイッチ形式」という勉強法を勧めてきた。

まず、高校三年の春ごろに自分の志望校を決め、その入試問題を解いてみる。それで、どのようなレベルか、どの単元からよく出題されるかなどの見当をつけ、自分が強化すべきポイントを見つけて勉強計画を立てていく。

そして、勉強をすすめながら、何カ月かたったら、また過去の入試問題を解いてみて、自分の弱点や勉強法をチェックする。ふだんの勉強に「過去問」をときどきはさみ込むので、「過去問サンドイッチ形式」という。

これは、資格試験にも、そのまま応用可能な方法だ。

目標とする試験が決まったら、問題集を買ってきて、「過去問」を何年分か解いてみる。そして、その結果から勉強計画を立て、何カ月かたったら、また「過去問」を解くという作業を繰りかえす。

とくに、簡単な資格試験ほど、「過去問」勉強は有効になる。

たとえば、自動車免許の筆記試験を受けるとき、道路交通法を一から勉強する人はいないだろう。また、出題者もそんな広い知識、深い知識を要求していない。この種の試験では、問題集を買ってきて、一夜漬けで「過去問」を丸暗記するというのが当たり前の勉強法になっている。

「過去問」勉強が得点力と直結するのは、記憶との関係でも説明できる。「過去問」を中心に勉強すると、記憶の入力、保持、出力の三段階にわたって、効率がよくなるのだ。

第一に、問題という形なので、ふつうの入門書、参考書をただ読むよりも、記憶すべきポイントが絞りやすくなる。そのため、アテンションの方向づけが容易になり、記憶しやすくなる。

第二に、記憶の保持が容易になる。問題という形だと、「間違った」という記憶が体験的な記憶になりやすいし、また、現実問題としてはカード化するなど、復習がしやすい。

第三に、記憶の出力を高めることはいうまでもないだろう。「過去問」を解くということは、試験に対してもっとも直接的なアウトプット訓練である。答案を書くという出力能力そのものの訓練になるのだ。

一般に、大人が資格試験を目ざすと、模擬試験を受けに行く時間がとりにくいなど、アウトプット訓練が不足しがちになる。しかし、アウトプット訓練は、記憶の総仕上げであり、また、直接得点に結びつく答案のつくり方の訓練である。それも、「過去問」を解きまくることで、ある程度補える。

なお、私自身の経験でいうと、「過去問」勉強法がもっとも威力を発揮するのは、マークシート試験である。

論理的には説明しにくいことなのだが、マークシート型の選択問題では、「過去問」に多くふれればふれているほど、確実にカンがよく働くようになるのだ。

わからないこと、知らないことでも、点はとれるようになるのである。これはこれで、立派なアウトプット訓練になっているといえるかもしれない。

●「絶望的な劣等生だった私」が東大に合格できた理由――ノートの技術

私はひどく字が汚い。

メモをとっても、自分でも何が書いてあるのかあとでわからなくなって、困ることもある。これは、学生時代から、講義をノートにとるとき、書きなぐってきたことと関係しているかもしれない。

古い話になるが、私は高校一年まで劣等生で、授業中ろくにノートをとっていなかった。中学入試で、全体で五番という好成績で灘中に入ったのだが、すでに中学一年の一学期の期末試験で、成績がガタ落ちになっていたので、半ばやけになっていたのだ。

ところが、あるとき一念発起して、教師のいうことを全部ノートにとるようにしたら、めきめき授業がわかるようになった。そして、高校二年のときには劣等生生活を脱出することができた。

そのころは、教師のジョークまで記録していたが、この方法は今の目から見ても、絶望的な劣等生だった私が、どん底状態から脱出するためには有効な方法だったと思う。

一心不乱にノートをとれば、たえず耳と手を同時に動かしているため、聴覚と触覚が同時に刺激され、記憶の入力がよくなる。また、集中している分、理解もすすみ、記憶の歩留りは格段によくなっていく。

ところが、講義を受けるときに、要点だけをノートにとろうとする人が少なくない。これは、六〇分なら六〇分、九〇分なら九〇分の講義を受ける時間の使い方としては、非常にもったいない方法といえる。そもそも、自分がよほどよく知っているジャンルでないかぎり、人の話を聞いたとき、その要点だけをまとめることは不可能だろう。

だから、私は今でも、セミナーを受講するときは、一心不乱に講師の言葉を書きとっている。それが、移動時間と講義を聞くという時間コストをかけてまで、人の話を聞くときのもっとも有効な時間の使い方だと思うからである。

講師の言葉をすべて記録するつもりで講義に臨めば、講師の言葉に対する集中力が持続する。少なくとも眠くなるようなことはない。

むろん、手が口のスピードに追いつけるわけがなく、すべての言葉を筆記できるわけではないが、慣れてくれば講師の言葉を的確に短縮化して記録することができるようになるものだ。

いずれにせよ、講師が黒板に書くことだけを記録していては、講義時間の使い方としては、あまりにもったいない。

●「復習＝二割」と心得よ

資格試験のための記憶は、「覚える」ことで終わるのではなく、「覚えて残す」ところまでいって、はじめて得点力につながる。3章で述べたように、記憶の保持に関しては、数々の心理実験で効果が確認されている唯一の方法がある。

「反復」すること、要するに、復習である。完全に忘れてしまわないうちに復習することで、記憶の保持率は大幅に改善されるのだ。

その意味で、復習は非常に費用対効果のいい勉強法といえる。

知らないことを一から理解して覚えるよりも、はるかに短時間ででき、やれば確実に記憶を残すことができる。一時間で一〇〇覚えたことを復習しないで放っておいたら、三〇しか残らないかもしれない。それなら、四〇分で七〇覚え、二〇分の復習で五〇残したほうが、効率はいいことになる。

新しいことを理解して覚えるのには時間がかかるが、すでに理解したことを残すのは、それよりはるかに容易である。また、何度復習しても覚えられないものは、理解が足りないということになる。復習は、自分の理解度をチェックできるという機能も持っているわけだ。

私自身の体験、または受験生を指導してきた経験からいうと、総勉強時間の二割程度を復習にあてるのが、もっとも効果的なようだ。

その二割は勉強計画のなかに最初から織り込んでおき、前日の夜、一時間半勉強したら、翌朝、出勤前に一五分から二〇分程度復習する。これは通勤・通学電車のなかでしてもいい。これをするのとしないのでは、あとあと記憶の残り方が幾何級数的に違ってくる。

私は、受験生には「夜、覚えたことは、翌朝、復習するというのが一番いい」と指導してきたが、「大人の勉強」の場合、そういう時間のとり方ができないこともあるだろう。そういう場合は、「細切れ時間」を活用して復習するといい。

私も臨床心理士の試験を受けたときには、記憶できないことをカード化して持ち歩き、細切れ時間を復習にあてた。大人がそんなカードを使って勉強していると、多少は体裁が悪いのだが、そこは受かるまでの辛抱である。下手に格好をつけていると、受かるものも受からなくなってしまう。

和田からのメッセージ——頭のいい試験勉強術③

・講義中は、「可能なかぎり多くの情報をノート化」することを心がけよ

4 試験対策術——「合格最低点」を目ざすのがコツ

●臨床心理士試験で、私が「ロールシャッハテスト」と「統計学」を捨てた理由

試験対策を練るとき、まず頭に置いておきたいのは、試験では満点を目ざす必要はないということである。

試験における目標は合格最低点であり、安全を期すとしても、その五パーセント増し程度で十分だ。

しごく当たり前のことだが、じっさいに勉強を始めると、この当たり前のことができなくなる人は少なくない。試験で要求されている分野を全部勉強したり、点のとりにくい難分野にまで手を出して、時間切れという状態におちいるのである。

試験勉強では、バカ正直に試験範囲をまんべんなく勉強する必要はない。

私は、平成一二年に臨床心理士の試験を受けたが、このときも二つの単元を捨てた。臨

床心理士の試験は、多肢選択問題と、三種のテーマから一題を選択する論述、そして口述面接試験の三本立てで行なわれるが、私は多肢選択問題の出題範囲のうち、ロールシャッハテストと統計学を捨てた。

ロールシャッハテストは、ご存じの方も多いだろうが、被験者にインクのシミのような模様を見せ、何に見えるかを問い、被験者の心理を読み解くという古典的な心理テストだ。私はこれまで自分でテストを行ない、その解釈を行なったことはなかった。

その解釈は一種の職人技の世界といえ、独学するには非常にむずかしいところがある。先輩の臨床心理士に教わりながら、オン・ザ・ジョブ・トレーニングで身につけていくものなのだが、私にはこれまでそういう機会はなかった。

そこで、あらためて入門書を読んでみたのだが、一種、職人技の世界だけに、短時間ではとても身につきそうもなかった。そこで、きっぱり捨てることにした。

もう一つ、統計学に関し、これまで統計の基礎理論や計算法については、ほとんど理解していなかった。データ処理は、パソコンの得意な仲間にまかせていたのだ。あらためて入門書を読んでみたのだが、さっぱりわからない。

そこで、この二分野にかぎられた時間を費やすよりも、ほかの分野で確実に得点力を伸ばすために、両分野とも捨てることにした。

きっぱりとあきらめて、それでも全体の六〇～七〇パーセントをとれば受かるという目算があり、またその自信があったから、あっさり捨てられたわけだ。

繰りかえすが、資格問題では満点を取る必要はないわけで、得点につながりそうもないこと、費用対効果の悪いことを勉強する必要はないわけだ。

●「七〇点→八〇点」「二〇点→四〇点」は、どちらが簡単か

そういえば、私は、東大を受験するときには、国語を捨てた。

東大の試験は、四四〇点満点で、当時の理科三類の合格最低点は二九〇点前後だった。四四〇点満点中、国語は八〇点を占めていたが、私は国語の得点目標を「四点」に置いた。四〇点ではない。四点である。

要するに、漢字だけは正解し、合格最低点までの残り二八六点は、数学、英語、物理、化学の計三六〇点のなかから叩き出そうという計画を立てたのだ。

当時の私は、それくらい絶望的に国語が苦手だったのだ。

何しろ、「東大オープン」という東大専用の模擬試験では、二〇点もとれなかった。さらに、なぜ、自分の答えではダメなのか、間違った理由もよくわからなかった。

勉強に時間をかけたところで、得点力が伸びるというメドもなく、またその自信もなかった。いっぽう、英語や数学などをさらに磨けば、国語の失点をカバーできることがある程度わかっていたため、あえて国語という苦手科目を克服しないという全体戦略をとったのだ。

そもそも、受験において「苦手科目を克服する」という発想は、諸刃の刃のようなところがある。

たしかに、七〇点の科目を八〇点に引き上げるより、二〇点しかとれない科目を四〇点にするほうが簡単という面はある。

とくに、機械的な暗記物では、その傾向は強いだろう。

しかし、ロールシャッハテストや統計学のように、相当のトレーニングなり深い理解が必要な分野は、苦手克服に時間をかけても、得点力が伸びない場合もある。苦手意識が強すぎると、脳が情報を避け、いくら時間をかけても理解できない、覚えられないということにもなる。その場合は、むろん不合格という結果に終わりやすい。

苦手科目の克服が必要なのは、そのままでは受からないことがはっきりしている場合だ。

極端な話、三科目で受験する場合、三科目とも苦手なら、これは苦手を克服するしかない。

資格試験は、おおむね六〇～七〇パーセント前後に合格最低ラインが引かれている（多くは六〇パーセントといわれる）。「過去問」をよく研究し、どうすれば自分は最低点に達せられるかをよく検討してみることだ。的確な勉強計画は、そこから生まれてくる。

●試験に受かるための「参考書の選び方」――抽出読書法

試験を受けるときは、ふつうの勉強以上に、「本」の選び方が重要になる。

試験用の参考書、問題集は、一般書よりもはるかに多くの時間をかけて理解し、問題を解くことになる。できの悪い本、自分に向かない本にひっかかると、その分、損害は甚大になる。

参考書を選ぶときの第一条件は、読んですんなり理解できることだ。

今や資格試験用の出版物は各出版社のドル箱的商品であり、とくに受験者の多い資格試験向けには、数多くの参考書が出版されている。大型書店に出かけて、できるだけ多くの参考書を立ち読みしてみることだ。

ただし、参考書の場合、「目次」「まえがき」を読んでも、それほどの意味はない。任意のページを開き、読んでみて書いてあることがわかる本を買えばいい。また、自分がある程度知っている分野について読んでみて、その記述に説得力があるかどうかで判断すればいい。

いずれにせよ、辞書・事典類と同様、「抽出読書術」が有効になる。

試験用の参考書ではない、専門書と呼ばれるような本は、当面敬遠しておいたほうがいい。理解するのに時間がかかるうえ、試験での得点力には直接的には役に立たないことが多いからだ。

私が医師試験を受けたときの「朝倉の内科学」（『内科学』）のように、二カ月かけてもさっぱり記憶量が増えないというような事態におちいりやすい。

とくに、まったく問題も載っていないような純粋な専門書、その分野の名著と呼ばれるような専門書は、試験には使いづらい。この種の本は、じっくり読むとたしかに学識がついたようなつもりにはなるものだが、記憶量はまったく増えていないということになりがちだ。試験に受かってからの勉強用にとっておいたほうが賢明だ。

「問題集」のレベルは、「解答」のレベルで決まる！

いっぽう、問題集は、「過去問」を軸に構成されているものを選ぶこと。

そして、なぜ、その答えが正解になるのか、解説・解答が充実しているものを選ぶことだ。問題と簡単な解答だけで構成されている本では、問題を解き、正解を覚えたところで、機械的な暗記になるため、その後、記憶を保持することがむずかしい。

その点、なぜ、その答えが正解なのか、という解説が充実している本は、理解型で記憶することができ、記憶入力をしやすくなる。

いい問題集とは、いい解答集といえるのだ。

具体的には、なるべく分厚い問題集を手にとり、解説・解答をよくチェックする。解答を読んで、理解できなければ、その問題集は今のあなたにとってレベルが高すぎる本だ。もう少し、簡単なものを選んだほうがいい。

逆に、全部解けるような問題集も意味がない。スラスラ解ければとりあえず気分はいいかもしれないが、すでにできることに時間を費やしているだけで、それであなたの得点力が伸びることはない。

また、初学のあいだは、予備校の教師や先輩、友人から定評のある参考書、問題集を聞き、とりあえずそれを使ってみるのもいい。

初学の段階では、本を選ぶ能力も低いわけで、まず、世評の高い本を使うというのも賢い方法なのだ。その後、その本ではダメだとわかったら、それはあなたに力がついてきた証拠といえる。喜んで別の本を探せばいい。

いずれにせよ、試験勉強の期間中は、ひんぱんに書店に通うことだ。少し理解がすすんできたら、以前立ち読みしたときは太刀打ちできそうもなかった本が、良書であることが理解できる場合もある。

また、買おうかどうか迷ったら、買っておくことだ。一〇〇〇円、二〇〇〇円を惜しんで、試験に落ちては元も子もない。参考書や問題集に惜しまずお金をかけるのも、学生に比べれば多少は懐《ふところ》に余裕のある大人の賢い勉強術のうちだ。

和田からのメッセージ——頭のいい試験勉強術④

・やみくもに勉強するのではなく、まず、過去問を研究し、「捨てる分野」「点を拾う分野」を決めよ

5 合格術——どうすれば「実力以上の力」を出せるか

●スランプ時は「復習」にのみ専念せよ

勉強がある程度すすんでくると、必ず「高原現象」という壁にぶちあたることになる。

人間は、何かを学習するとき、習いはじめのうちはどんどん力が伸びるが、ある程度まで進歩すると、その後、努力を重ねても、いっこうに力が伸びないという状態にいったんおちいる。

この進歩の度合いをグラフ化すると、停滞しているあいだが「高原」のような線形を描くので、「高原現象」と呼ばれている。勉強にかぎらず、スポーツでも技術的な訓練でも起きる現象だ。

勉強では、この「高原現象」が、いわゆるスランプの引き金を引くことが多い。

力が伸びないことが、「私は頭が悪い」→「これ以上は覚えられない」→「やってもムダだ」という意欲の喪失を導きやすいのである。
「高原現象」は、学習過程で起きる一時的な現象であり、その後もしばらく持続的に努力していれば、やがて壁は乗り越えられる。しかし、意欲がなくなると、その壁はどんどん高い壁に変わっていく。

勉強では、こういうスランプ状態にあるときは、あえて新しいことを覚えようとしないほうがいい。ただでさえ記憶の入力が悪くなっている状態だから、「理解できない」「覚えられない」「私はダメだ」という悪循環におちいりやすいのだ。気分がうつ状態になれば、ますます記憶力が落ちるのは、前述したとおりである。

そういうときこそ、復習が最適の精神衛生法となる。すでにマスターした問題を解ければ気分は少しはよくなるだろう。それは、自信の回復にもつながってくるはずだ。壁にぶちあたったとき、スランプだと自覚したときには、復習に専念することが、勉強効率を上げることになる。

●試験日まで二週間を切った場合の「一日の過ごし方」

さて、試験本番が近づいてきて、残り二週間を切った——。

合格点をとるためには、それからの試験直前期の過ごし方が非常に重要になる。

まず、よくいわれる「試験の直前は、ゆとりを持て」というのは、大ウソであることを知っておきたい。むしろ、試験の直前期は、勉強量を増やさなければ、試験にはなかなか合格できないものだ。試験直前期は、それまで勉強してきたことを総仕上げする大事な時期なのである。

試験直前の勉強時間は、「過去問」を解くことと、これまで勉強してきたことの総復習に全力を注ぎたい。

まず、「過去問」を解くことは、試験に対して、もっとも実戦的な出力調整・出力トレーニングになる。体に「過去問」を覚え込ませることは、試験本番で必ず役に立つ。

そして、復習は、さらに新しいことを覚えるよりも、時間当たりのコストパフォーマンスを高める。とくに、試験直前期は、新しいことを理解しようとすると、もし理解できなかった場合には不必要な不安を呼び起こすことにもなる。

また、可能であれば、直前期にはなるべく試験の時間割りに合わせて勉強することだ。午前九時から始まる資格試験なら、その時間から勉強を始め、以後、試験のスケジュールに合わせて勉強をする。九〇分の試験が二科目なら、九〇分を一コマとして二コマ勉強する。毎日はムリでも、休日にはそういう時間の使い方も可能だろう。そうすると、体が試験用のリズムを覚えていく。

また、徐々に朝型の生活に切り換えていくことも必要だ。試験開始が午前九時なら、六時には起きる習慣をつける必要がある。人間の脳が活発に動きだすまでには、二～三時間はかかるためだ。

そして、試験の前日は、それよりもさらに少し早く起きておいたほうがいい。試験前日はいく分睡眠不足気味にしておいたほうが、試験前の夜、熟睡することができるものだ。

さて、いよいよ試験当日を迎えた朝は、時間にある程度余裕を持って家を出たい。試験会場には三〇分くらい早く着くのがベストだろう。それ以上、早く着くと、答案用紙が配られたときには、すでに疲れているということもありうる。

学生時代、大学受験などで「あがった」という人もいるだろうが、大人が資格試験を受けるときには、多少は「あがった」ほうがいい。むしろ、大人の試験の場合、あがって失敗するより、緊張感を欠いて失敗することのほうが多いのだ。

のんびりした気分で答案に向かうと、受かるものも受からない。問題に全神経を集中させて、爆発するくらいのつもりでないと、試験会場で火事場のバカ力を出すことはできない。

動悸《どうき》を感じたり、顔がほてるなど、過度にあがったと感じたときは、はじめに簡単そうな問題を一問見つけて解いてみることだ。とにかく問題を一問解く。私の経験からいっても、試験ではこれが一番のあがり防止策になる。

●試験会場にて——問題が配られたら「最初にすべきこと」

資格勉強の最終的な目標は、合格点以上の答案を書くことである。

それには、記憶してきたこと、鍛えてきた問題を解く能力を、試験当日、答案にアウトプットする技術が不可欠になる。自分の力を確実に得点につなげる答案のつくり方を紹介しておこう。

まず第一には、試験問題が配られたときの心得だ。問題が配られるやいなや、第一問題にとりかかってはいけない。試験では、問題を解きだす前に二つのことをやっておく必要がある。

まず、試験問題全体にざっと目を通し、去年までのテスト問題と同じような分量、配点かどうかを確認することだ。資格試験では、例年、同じような分量の問題が出題されるが、一応確認しておく。

例年と同じなら、問題文をざっと見渡して、「これは簡単そうだな」「やっかいそうだな」という見当をつける。そして、次に試験時間をどう割り振るかを考えることだ。

むろん、解きはじめるのは、簡単そうな問題、見慣れた問題、確実に得点につながりそうな問題からである。そして、一問終わるたびに、もう一度全問題を見渡し、そのとき「簡単そうだな」「解けそうだな」と思った問題にとりかかる。

試験では、この「やさしそう」と感じたインスピレーションを大事にしたい。

そして、むずかしそうな問題は極力あと回しにしていく。とくに、理科系資格試験での数学や物理関係の問題では、見慣れないタイプの出題は、最後に回すことだ。

また、しばらく考えてみたが、歯が立ちそうにない問題は、きっぱり断念することだ。下手にひっかかると、ほかの問題を解く時間がなくなってしまう。ただし、いわゆる「小問」のある問題は、むずかしそうでも丸捨てにはしないほうがいい。その小問部分の点はしっかりとっておくことだ。

サルが木から落ちるとき——ミス防止対策

じっさいの試験で問題を解くとき、もっとも怖いのはケアレスミスである。

ケアレスミスでも間違いは間違い。知っていても解けていても点にはならない。そして、怖いことに、人間は、ケアレスミスをむずかしい問題よりも簡単な問題で起こしやすい。また、前に解いたことのある問題、知っている問題ほどケアレスミスを起こしやすい。「いただき！」と思った瞬間、落とし穴に落ちるわけである。やさしそうな問題ほど、ケアレスミスに注意して、よく見直したい。

個別の問題を解くノウハウとしては、まず設問にじっくり目を通すことだ。設問の趣旨にはずれた答案を書いては点にはならない。

資格試験には、マークシート方式が多いが、そのマークの記入にはくれぐれも気をつける。たいていの人は、まず、問題を解いて問題文のほうにとりあえず答えを書いておき、あとでマークするという方法をとっているだろう。

それでいいのだが、枝問が数多く並んでいるときは、全部解いてから一気にマークを書き入れる方式をとってはいけない。もし間違ってマークすべき欄が一つずれると、書き直すのに時間がかかるし、万が一、記入ミスに気づかなければ命とりになる。とはいえ、一つずつ記入するのもかったるいので、数問解くごとに記入するのがいいだろう。

また、マークシート方式は、問題が解けなくても、とりあえずヤマカンでマークを記入しておくことだ。それでも、四択問題なら二五パーセント、五択問題なら二〇パーセントは正解の可能性がある。テクニック的にいうと、選択問題では選択肢のうちよく似ているものが二つあれば、そのどちらかが正解のことが多い。正誤問題では、例外のないような決めつけをしていたり、極端な言葉づかいをしているものは間違いであるものだ。

小論文試験では、出題文の要求をよく把握することが肝心だ。たとえば、「○○について論ぜよ」というタイプの出題では、知識に基づいたあなたの意見が求められている。その場合は、まず「結論」部分から考えると書きやすくなる。そこから逆算して論旨を組み立てればいい。

いっぽう、「○○について説明せよ」という出題は、あなたの知識と論理力を問うている。こういう問題では、確実な知識だけで論文を構成することだ。あやふやな知識に頼って間違いを書くと、大きく減点されることになる。

もちろん、小論文では、文字は極力ていねいに楷書で書いたほうがいいことは、いうまでもない。

和田からのメッセージ――頭のいい試験勉強術⑤

・「高原現象の壁」にぶつかったら、「絶対に解ける問題」「すぐにマスターした科目」に手をつけてみる

6

「頭」のいい時間術

——「一日の使い方」がうまい人、へたな人

1 「生きた時間」「使える時間」の見つけ方・つくり方

一日のなかで「死に時間」が多い人、少ない人

時間という基礎条件は、誰にも平等に与えられている。

一日二四時間、一カ月七二〇時間、一年八七六〇時間。年間二〇〇〇時間働いたとしても、まだ六七六〇時間も残っている。「時間がない」と、時間を悪者にしているかぎり勉強はできない。

一日八時間働いたとしても、残りは一六時間。

土日を休みだとすると、一週一六八時間のうち、一二八時間は自由になる時間だ。一年になると、これに祝日、夏休み、正月休みなどが加わるから、全時間の七〇パーセント以上は自分の自由になる時間だと考えてもいい。

もちろん、大人の場合は、学生とは違って、頭と体がもっとも活発に動く時間帯を仕事

に奪われている。仕事のあとは疲れ果てていて、とても勉強する気にならない、という人もいるだろう。

しかし、そこで「仕事と勉強の両立はムリだ」と自分に言い訳すると、本当に時間はなくなってしまう。ダラダラした〝死に時間〟が増えるばかりで、いつまでたっても勉強を始めることはできなくなる。

もちろん、私は「時間はあるのだから、根性さえあれば勉強できるはず」というような単純なことを言うつもりはない。

何ごとも根性で解決しようとするのは、けっして頭のいい生き方ではない。ふつうの人の場合、何ごとも根性だけでは長続きはしないのだ。途中で投げ出してしまうのがオチである。

それよりも「大人の勉強」に必要なのは、工夫である。

仕事で疲れて帰ってきたあと、どうやって頭を勉強に切り換えるか。多少うまくいかないことがあっても、どうやって勉強への意欲を持ちつづけるか。その工夫が必要になる。

八時間働いたあとでも、遊びやレジャーなら、麻雀をしたり好きな本を読めるわけで、人間の脳にはまだ十分な余力が残っている。意欲さえあれば、人間は働いたあとにも、ものを考えたり、勉強することはできる。

問題は、その意欲をどう高めていくかである。

意欲を高める第一条件には、1章でふれたように、自分の人生に対する企画力が要求される。人生の目標、勉強の目的を明確化する必要があるわけだ。

人間のなかには誰でも「こういう自分になりたい」という自己実現欲求がひそんでいる。これは、人間の欲望のなかでも、もっとも強い欲求であり、「将来はこうなりたい」というイメージが明確に描ければ、意欲はしぜんに生まれてくるものだ。

そうなると、勉強する時間はしぜんに生まれてくる。

そこにすでに存在する時間が再発見されるといってもいい。細切れ時間を生かし、睡眠時間を少々削り、目的を持って休日を生かせば、時間がないと思い込んでいる生活のなかからも、時間をひねりだすことは可能だ。

意欲のあるところに、時間はついてくる。

●時間のつくり方――「一年・四〇〇時間」確実にトクする!

具体的な時間のつくり方としては、手はじめに一週間に八時間をひねりだす工夫をしてみるといいだろう。

月曜から金曜までは一日一時間、土日で三時間を勉強用にふりむける。ウイークデイは、毎朝一時間早く起きてもいいし、夜一時間勉強してもいい。集中力に自信があるのなら、朝と夜、三〇分ずつひねりだしてもいい。

土日は、どちらか一日を勉強にふりむける。三時間程度の勉強なら、少々早起きすれば、昼前には終わってしまう。その程度の時間なら、家族サービスのあいだをぬってでも、つくることは可能だろう。勉強部屋など、勉強向けのスペースがない人は、図書館にでもこもればいい。

一週間に八時間ひねりだせば、一年で四〇〇時間以上になる。

これは、一日五時間勉強した約三カ月分に匹敵する。私は、何科目も勉強しなければならない大学入試でも、おおむね一五〇〇時間ぐらい勉強すれば十分だと考えている。

一つの専門分野なら、四〇〇時間も勉強すれば、おおむねのところはマスターできるはずである。少なくとも、「ゼネラリスト」と呼ばれている素人集団のあいだでは、「あいつは〇〇に強い」とスペシャリスト扱いされる域には達するはずである。

学生に比べれば、時間に制限のある大人が勉強時間をつくりだすには、生活のリズムのなかに勉強をとり込んでいく必要がある。その意味でも、まず一週間に八時間の勉強をする習慣をつくるといいだろう。

●「四時間の勉強」が「一六時間の勉強」に勝つ場合

私が受験生向けの勉強術の本を書きはじめてから、十数年になる。

この間、受験生から一番よく聞かれてきた質問は、「一日何時間くらい勉強すれば、合格しますか」という問いである。

この質問には、本当は普遍的な正解はない。

その受験生の学力と志望校との兼ね合いもあるし、さらに重要なことは、下手な勉強のしかたをしていると、一日に五時間勉強しようが六時間しようが、肝心の得点力は伸びないからである。

その意味で、下手な勉強は、最大の時間のムダづかいといえる。

たとえば、記憶に関していうと、時間をかけて本人がいくら情報を入力したつもりでも、まったく復習しないで片っ端から忘れていれば、記憶の入力に要した時間はまるまるムダになる。参考書を読んでも、集中力を欠いて漫然と読んでいると、理解はいっこうにすすまず、記憶量は増えない。これも、時間のムダになる。

これは、「大人の勉強」にとっても同じことで、下手な勉強をするほどの時間の浪費は

「勉強計画」の上手な立て方とは?

I **「時間」でなく「量」で計画を立てる!**

たとえば「本を二冊、関連資料を三本読む」といった具合に、「量」を勉強の目標とする

↓

II **「7日間」で「8時間」つくる!**

日曜日から金曜日の5日間で計5時間、土曜日、日曜日の2日間で計3時間をつくる

↓

III **I の「量」を「5」で割る**

勉強の「量」を「5」で割って、月曜日から金曜日に振り分ける。できなかった場合は、土曜日、日曜日で処理する

ない。時間に関する勉強の最大の敵は、仕事ではなく、下手な勉強術なのである。

逆に、上手な勉強をすれば、勉強時間は短くても、単位時間当たりの効率はよくなる。一時間を二時間に引き伸ばすことは物理的に不可能だが、一時間に二時間分の勉強をすることは工夫しだいで可能だ。

私の経験からいっても、生活時間を削って勉強時間をひねりだしていくよりも、単位時間当たりの勉強効率を上げたほうが、実質的にはずっと多くの時間をつくることができる。

前項では、一週間に八時間勉強するところから始めればいいといったが、それは第一段階の話であり、第二段階としては、そのかぎられた時間のなかで、どれだけの「量」を勉強できるか、工夫してみることだ。

八時間の勉強が、一六時間の勉強に勝ることもあれば、四時間の勉強に劣ることもある。最終的には、勉強は、どれだけの「時間」勉強したかではなく、どれだけの「量」を勉強したかが、成果となって表れるのである。

その意味で、勉強の目標を立てるときは、「時間」ではなく、「量」で考える必要がある。これは、むしろ当たり前のことといえるだろう。

企業は売上目標を、販売個数や販売金額という数量で立てる。販売時間や営業時間だけで目標を立てても、何の意味もないだろう。勉強も同じことで、「来週までに、これだけの時間、勉強する」という発想ではなく、「来週までに、これだけの量をマスターする」という発想で目標を立てることが必要になる。

●「一週間・七日」を時間の「一単位」とする！

具体的には、勉強の計画は、いきなり大目標をつくるよりも、小目標を小刻みにつくるのがコツになる。

「半年間で英単語をマスターする」というような大目標では、ゴールまでが遠すぎて勉強の要領を発見しにくいし、目標に対して自分はどういう位置にいるのか達成状況を確認しにくい。

それよりも、「今週のうちに一〇〇個の単語を覚える」というような小目標を小刻みに立てることだ。

すると、締め切りが近くなる分、締め切り直前にはがんばるという「締め切り効果」も生まれてくる。また、一つひとつの目標をクリアしていくことによって、意欲の持続に必要な達成感を小刻みに味わえるという心理的な効果を得ることもできる。

もっとも適切な計画単位は、大人の場合、仕事に合わせる意味もあって、「一週七日間」になる。

私は、月曜から日曜までを一単位として計画を立てるのが、もっとも実践的だと考え、そうしている。「今週中に、この本とあの本、ほかに論文を三本読もう」というように計画するわけだ。五日間や一〇日間という単位は、日常生活のなかで意識しにくいし、二週間では長すぎる。

たとえば、資格試験なら、「今月の第一週は、Aという単元をマスターする」というように目標を立てるといいだろう。一週間というショートスパンなら、前もって勉強にふりむけられる時間を読めるだろうから、現実的な計画を立てることが可能になるはずだ。

ただし、「計画は破られるためにある」ことは、頭に入れておくことだ。

私の場合も、週のはじめに立てた計画がそのとおりにすすむことは、ほとんどない。勉強の場合、つまずくのは当たり前の話であり、むしろ計画どおりにできないのが当たり前くらいに考えておくことだ。いちいち目標が達成できないことに落ち込んでいては、たちまちスランプにおちいり、能率はさらに落ちていく。

私が勧めている方法は、せっかく「量」で計画を立てたのであれば、その「量」を五で割るというものだ。

それを月曜日から金曜日に振り分ける。もちろん、予定通りにすすむことはそうないだろうから、土曜日を〝借金返済日〟にする。

運よく、ウィークデイに勉強がはかどれば、その週の土曜日は一日中遊んでいたっていい。では、日曜日はどうするかというと、その週にやった勉強の総復習をするのだ。こうすることで一週間の予定が狂うことはほとんどなくなり、かつ勉強したものが頭に十分残る状態になるわけである。

〝平時の時間〟〝戦時の時間〟をどう使い分けるか

一日二四時間のなかには、細切れにされた使い勝手の悪い時間がかなりあるものだ。人を待つ、報告を待つ、食事を待つ、会議が始まるまで、来客が来るまで、外出するまでのわずかな時間、などである。

しかし、仕事中に発生する細切れ時間は、やはり勉強ではなく、業務にあてたほうがいいだろう。その分、早く仕事を終えて残業を減らし、終業後の時間を確保したほうがいい。

また、そういう仕事中の細切れ時間は、ボーッとしていたとしても、けっしてムダな時間ではない。体にとってちょっとした休息になっていたり、気分転換になっていたりするのだ。

人間、来る日も来る日も八時間集中して働けるものではない。誰しも、細切れ時間がムダだと愚痴をこぼしながらも、そういう時間に適度に休息し、心身をリフレッシュさせながら働いているのである。

それでなくては、とても何十年間も働きつづけることはできない。私も、原稿がたまっているなど、よほど切羽詰《せっぱつ》まっているときでないかぎり、細切れ時間は漫然と過ごしていることが多い。

ただし、一日全体で見ると、細切れ時間のなかでも、勉強向きの良質の時間帯もある。たとえば、通勤に要する時間である。

考えてみれば、通勤電車に乗っているあいだは携帯電話を切っておけば電話はかかってこないし、来客もないはずである。子どもと遊んでやる必要もないわけで、一〇〇パーセント、自分の自由にできる時間といえる。勉強する気になれば、意外なほど集中できることは、みなさんもよくご存じだろう。

また、毎日通勤し、同じような時間帯であるということは、勉強すると決めれば習慣化しやすいという効果もある。

私のように家で仕事をすることが多くなった者には、むしろ通勤時間の長かった時代がなつかしくさえ思えてくる。

たとえ、電車が混雑していても、意欲さえあれば、そこに工夫が生まれ、勉強することは可能になる。

語学の勉強をする意欲が強ければ、狭い場所でもテープを聴くことはできる。資格試験を目ざすという目標があれば、覚えたい情報を小さなカードにし、五つや一〇の情報を入力することは可能だろう。こういう一五分勉強、二〇分勉強をするクセをつければ、集中力がついてくるという効果も期待できる。

こういう通勤時間をはじめとした細切れ時間には、「復習」が最適の勉強になる。前にもいったように、記憶型の勉強を長時間続けると、「逆向抑制」という状態におちいって、情報の入力効率が落ちていく。むしろ、記憶という作業は、通勤時間のような短い時間に集中的に行なったほうがいいのだ。

私も、〝平時〟の細切れ時間は漫然と過ごしていることが多いが、〝戦時〟になると、細切れ時間をしつこく復習にあてるようにしてきた。

臨床心理士の試験を受けたときは、カードを持ち歩いて、しつこく復習を繰りかえしたものだ。「長期記憶」を育てるには、それくらいしつこく復習を行なう必要があるのだ。

その意味でも、習慣化しやすい通勤時間勉強は、復習に最適といえる。前日勉強したことを翌朝、電車のなかで復習することにすれば、おっくうな復習を日課にすることができる。

また、頭がさえている朝は、新しいことを覚え、帰りはその復習にあてるという方法もある。すると、そのあいだ、ちょうど九時間くらい、エビングハウスの忘却曲線からいっても最適の時間間隔になる。

細かなテクニックとしては、私は、通勤電車のなかでは、適度な光を確保するため、地下鉄では照明の真下に立つか座るようにしていた。地上を走る電車の場合は、日が射す方向と反対側に座るといい。日が直接当たる場所は、活字が読みにくくなるうえ、背中がポカポカして眠くもなりやすい。

通勤電車での勉強が習慣化できれば、あなたは勉強の目的へ向かって〝一駅〟近づいたといえるだろう。

和田からのメッセージ——頭のいい時間術①

・勉強計画は、「時間」ではなく「量」で立てる。そして全体の「量」を五で割って分散せよ

2 「一時間」で「二時間の勉強」をする法

●誰にでもある「初頭効果」「終末効果」を徹底的に活用しよう

私はこれまで何度も「勉強には明確な目的が必要」「アウトプット志向が必要」と繰りかえしてきた。

これは、自分自身の勉強に「締め切り」を課すという意味もある。

私自身、もし締め切りがないとすると、勉強量、仕事量は現在の何分の一にもなってしまうだろう。私を含めて、人間は、すぐに怠け、言い訳をつくり、逃げ出す動物である。締め切りがあるからこそ、少々気分が乗らない日でも、「がんばるか」という気持ちになれるのである。

これは、どんな勉強、仕事にも共通することだ。

たとえば、新商品を開発するとき、社内テストでは難点の多い製品でも、見切り発車で

「発売日」という締め切りが決定すると、その後、一気に問題が解決することがよくある。むろん、何とか発売日に間に合わせようと、研究員や技術者らが必死になって解決策を模索するためである。締め切りには、人間の潜在能力を爆発させる効果があるといっていい。

この締め切りの効果は、さまざまな心理実験によっても実証されている。

単純作業の実験では、人間は、仕事を始めたときと締め切り直前に作業能率が上がることがわかっている。最初のうちは、新しい作業に対して興味を持っている分、能率が上がる。前述したが、これを心理学用語では「初頭効果」という。

そして、中間の時間帯は中だるみして能率が落ち、ふたたび締め切りが近くなったところで効率は上昇に転じる。これを「終末効果」という。

勉強でもこまめに締め切りをつくると、「終末効果」だけでなく、「初頭効果」を得ることもできる。一つの締め切り後には、次の締め切りに向かってふたたびスタートラインに立つことになるためである。

●「ちょっとペースを上げたい」場合は？――二つの方法論

実践的にいうと、勉強の締め切りのつくり方には、いくつかの方法がある。

第一は、他人に締め切りをつくってもらう方法である。

資格試験を目ざすとき、予備校に通うメリットはここにもある。講師から宿題が出ることもあるだろうし、次の授業までに読まなければならない本を指示されることもあるだろう。むろん、定期試験、模擬試験やレポート提出も大きな締め切りになる。それまでに一定のアウトプットを出すことを外部から要求されるわけだ。

こういう小刻みな目標を外部から設定されることは、わずらわしいようでいて、勉強を続けるうえである程度有効なのだ。資格を目ざす人が予備校に通っていない場合は、模擬試験を締め切りととらえ、それに向かって勉強するといいだろう。

むろん、業務上の問題解決、新事業の立ち上げ、スキルの向上など、仕事関係の勉強にはたいてい締め切りが与えられているだろう。これも、「時間がない、それまでにはムリだ。ムチャいいやがって」とネガティブに受け止めるのではなく、締め切りができたことを肯定的に受け止めたい。

締め切りは、自分でつくるよりも、他人から強制的に与えられたほうが、「締め切り効果」はより大きくなる。精神的にはつらい面はあるが、大きな「初頭効果」と「終末効果」が得られる可能性が高い。

第二は、自分で自分に締め切りを課す方法である。

具体的にいうと、現在、勉強していることのアウトプットをいつまでに生み出すかを自分ではっきり決めることだ。何月までにレポートにまとめる、論文にまとめる。または、勉強したことをまとめてホームページを立ち上げるという目標でもいいだろう。

資格試験を目ざすのなら、今年中に受かるというような締め切りを意識する。締め切りを意識すれば、勉強の中間目標も明確になってくるものだ。

ただし、自分でつくった締め切りは、強制力が弱い分、締め切り効果が弱くなる傾向がある。締め切りを守らなくても、誰にも文句をいわれないためである。

そのため、自分で締め切りをつくったときには、何か自分に対する報奨を用意するといいだろう。締め切りを守った自分に対して、ご褒美《ほうび》を用意するのである。「この勉強を終えたら、海外旅行に行く」「好きなものを買う」などという報奨を用意するわけだ。

人間、現金なもので、数々の心理実験で、報奨をイメージできるときとできないときでは、まったく作業の能率が違ってくることが証明されている。

「高原現象のワナ」に気をつけろ

人間、勉強を続けていると、必ずスランプがやってくるものだ。いくら勉強しても学力が伸びない、または勉強する意欲が湧かないというようなときである。

まず頭に入れておきたいのは、ある程度勉強をすすめると、力が伸びない時期がやってくるのは、避けられないということだ。

これは、前述した「高原現象」が起きるためで、どんなことを勉強していても、学習効果は一度は頭打ちになるものなのだ。

問題は、そのさいの身の処し方だ。

そこであきらめず、勉強を続けていると、やがてその壁を越えて、ふたたび力は伸びはじめる。しかし、「高原現象」のワナにはまると、メタ認知が狂い、本格的なスランプにおちいることになる。

「力が伸びない」→「これ以上勉強してもムダ」と自己否定的な思考が頭を占領し、勉強へのモチベーションが雲散霧消してしまうことになりやすい。

次のような動物実験もある。

犬をAとBの二つのグループに分けて、それぞれロープで縛りつけて電流を流す。そのとき、Aグループの犬の鼻先には電流を止めるスイッチをつけておく。Bグループもスイッチをつけておくのだが、押しても電流は止まらないように設定しておく。

すると、スイッチを何度押しても苦痛から逃れることのできないBグループの犬は、動作がどんどん緩慢になっていく。つまり、何をやってもムダだと思うと、動物は何もしなくなるわけだ。これは人間の勉強でも同じことで、「何をしてもムダ」という思いが頭をよぎると、たちまち意欲は失われてしまう。

●スランプ状態になったら「認知行動療法」で対処する

怖いことに、「高原現象」のもたらす不安は、脳機能そのものを低下させる。

アメリカで行なわれた調査では、「テスト中に不安を訴える受験生は、相対的に成績が悪い」ことがわかっている。不安になると、ささいなことで注意力がそがれ、勉強に集中できなくなるためだろう。

勉強におけるスランプ状態は、一種のうつ症状といえる。その脱出法としては、うつ病の治療法が一つの参考になるだろう。

具体的には、「認知行動療法」と呼ばれる治療法である。

認知行動療法は、「認知（考え方）が歪《ゆが》むから、病気になる」という立場に立っている。

たとえば、うつ病の患者を「がんばりましょう」と励ましても、認知が歪んでいるため、患者はその言葉を素直に受け止めることができない。そして、「私はがんばりが足りないから、そういわれるんだ」というように考え、逆に罪悪感が強くなってしまう傾向がある。

そこで、認知行動療法という治療方法をとる。

この療法は一言でいえば、「できることからやらせる」という方法だ。「私はもう何も食べられない」「とても怖くて、人込みには行けない」という患者に、少しずつ食べさせたり、少しずつ外に連れ出してみる。すると、不可能だと思っていたことができることを実体験として確認でき、「絶対にできない」という認知の歪みがとれていくというわけだ。

勉強のスランプのときも、「がんばらなければならない」とただ自分を励ましても、効果が出るとはかぎらない。大切なのは、「もうできない」「もう覚えられない」というときに、少しでも勉強の成果を出してみることだ。

たとえば、「頭の悪い私には、経済なんかわかるわけがない」という認知の歪みがあるときは、経済用語を二〇ほど丸暗記してみる。すると、意外に覚えられることがわかって、意欲の状態が改善されるかもしれない。

勉強にかぎらず、何か目標を持って努力するときには、「何だ、できるじゃないか」と自分で思えれば、しめたものなのである。

その意味で、スランプだと感じたときには、新しいことにはなるべく手を出さないほうがいい。スランプのときは、不安な心理があなたの知性を阻害している。その分、新しいことへの理解力が落ちているはずだ。

また、メタ認知が狂っている分、少しでも理解できないことがあると、「やっぱりできない」というう つ状態の悪循環におちいりやすい。

それよりも、スランプ時には、これまで勉強してきたことを総復習したほうがいい。気分が落ち込んでいても、記憶の想起まで阻害されることは少ない。

「何だ、けっこう覚えているじゃないか」と思えれば、しめたものである。勉強の手順としても、総復習すると、頭のなかの知識が再整理され、「高原現象」を脱出するいいきっかけになる。

和田からのメッセージ——頭のいい時間術②

・なるべく他人に締め切りをつくってもらう「習慣」を身につける

3 頭の働きを「よくする眠り方」「悪くする眠り方」

勉強効果を上げる「理想の睡眠時間」とは？

睡眠時間は、思考や勉強にとってけっしてムダな時間ではない。睡眠をとると、もっとも効率よく脳の疲れをとることができるからである。

人間は、哺乳類のなかで、もっともよく眠る動物の部類に入る。

人間が長い睡眠を必要とするのは、人間の知性の源である「大脳新皮質」に理由がある。動物も人間も、疲れるから眠るわけだが、体の疲れを回復させるだけなら、もっと短い睡眠で十分だ。人間がよく眠るのは、複雑化したヒトの脳が長時間睡眠を必要とするためだ。

思考にせよ、感情・欲望の制御にせよ、人間の脳は、ほかの動物よりもはるかに複雑なしくみで、情報や情動を処理している。その演算速度、演算量の違いは、電卓とスーパーコンピュータ以上といっていいだろう。

そのため、きわめてハードに動いている分、人間の脳は非常に疲れやすいのだ。

具体的には、起きているあいだにドーパミンなどの神経伝達物質がどんどん消費されて、やがて不足し、脳細胞の活動が鈍っていく。この神経伝達物質を補充するためには、十分な睡眠が必要なのだ。

ただし、人間にとってどれくらいの睡眠時間が最適なのか、一般論として語ることはむずかしい。必要とする睡眠時間には、個人差が大きく、五時間で平気な人もいれば、七時間眠っても寝足りない人もいる。

ナポレオンは三時間睡眠で十分だったという話は有名だが、逆にアインシュタインは一日一〇時間の睡眠を必要としたという。

天才たちのなかでもっとも睡眠時間が短かったのは、おそらくレオナルド・ダ・ヴィンチだろう。彼は一日に九〇分程度しか眠らなかったと伝えられ、それもまとめて一時間半眠るのではなく、二〇〜三〇分ずつ三、四回に分けて眠ったという。

ふつう、こういう眠り方をする人は、一種の病的な状態といえ、覚醒《かくせい》しているときもボーッとしていることが多い。そういう特異な状況にありながらも、超人的な知的生産を生み出したダ・ヴィンチは、やはり超人とでも呼ぶしかない人物だったのだろう。

私自身は、成人後は七時間程度眠ってきた。意図的に睡眠時間を削ろうと思ったことはないが、たまたま睡眠時間が短くなることはよくある。そんな場合、経験的にいうと、睡眠時間を六時間までは削っても、知的な能力がそう落ちることはない。

しかし、五時間台になると、てきめんに翌日の脳の働きが鈍くなるのを自覚している。むろん、睡眠時間を減らして勉強時間をひねりだしても、肝心の脳の働きが鈍くなれば、元も子もない話である。

一般に、大人の場合、六時間から八時間程度眠るという人が圧倒的な多数派だろう。その大多数の人は、勉強時間をひねりだす必要があるときは、まず三〇分くらい睡眠時間を削って、勉強にも仕事にもさしさわりがないかどうか確認してみればいいだろう。

具体的には、ふだんより三〇分早起きして勉強してみるといい。それで、問題がなければ、三〇分×三六五日で一年に一八〇時間余りの勉強時間を確保できる。単行本なら四〇～五〇冊は読めるだろう。

●明日から「朝型人間」に変身せよ――語り尽くせぬメリット

また、勉強するには朝型がいいのか、夜型がいいのかという話も、永遠のテーマといえる。これも個人差がある問題で、いちがいに決めつけることはできない。ただし、確率的にいうと、よほど朝が弱いという人以外は、夜遅くよりも朝早くのほうが、脳の働きは活発だろう。

また、夜型の生活には、何かと誘惑が多いものだ。遅くまで起きていても、酒を飲んだり、テレビをだらだら見ていれば、勉強する時間はなくなってしまう。それよりも、朝型の生活をすると、「せっかく早起きしたのだから」という意識がある分、勉強への意欲は高まると思う。

ちなみに、布団《ふとん》に入ってから寝つくまでに時間がかかるという人は、苦手な勉強をすると、格好の睡眠薬になる。布団のなかで、今、もっとも苦手としていることに関係した本を読むと、無意識のうちに抵抗現象が起きて、睡魔が訪れやすくなるのだ。人間は自分が入力したくない情報に接すると、眠気を生じるのだ。

むろん、それはいわば〝捨て勉強〟であって、覚えられない、理解できないなどと落ち込まないことだ。早く眠れたことに意味があるわけで、翌朝早起きして勉強すればいい。

和田からのメッセージ――頭のいい時間術③

・たまには、布団のなかで〝捨て勉強〟をしてみよ。思わぬ効能がある

4 「頭がいい人」「勉強ができる人」の食事のとり方

●「朝食をとると平均点が四点高くなる」という事実

人間はふつう、一日三回食事をするわけで、計算してみれば、食事時間にもずいぶん多くの時間を費やしていることになる。

そこで、忙しい生活を送っているアメリカのエリートには、ランチを食べる時間も惜しんで働く人が少なくない。日本の会社では、同僚どうし連れ立って昼飯を食べに行くが、アメリカでは「パワーランチ」といって、ランチをとりながら仕事の話をすることが多い。そのときは、酒も飲まず、プライベートの話もしない。昼飯どきといえども、話題は仕事オンリーである。

しかし、私は、そんな食べ方、食事時間の使い方を推奨しようとは思わない。とても頭のよくなる生き方とは思えないのだ。

食事時間は、睡眠時間と並んで、人間が生きていくうえで必須の時間である。むしろ、食事にはふつうに時間をかけ、リラックスして楽しむことで、食事を頭をよくするための強い味方にしたほうがいい。

ただし、注意しておきたいのは、栄養のとり方である。

とくに、頭をよくするためには、朝飯を抜いて時間を浮かすのは考えものだ。以前、自治医科大学で行なわれた実験によると、朝食を食べる学生と、食べない学生では、平均点で四・二点（一〇〇点満点）、平均の成績順位で二二位の差があることがわかった。むろん、朝食を食べない学生のほうが成績は悪かった。

早起きして勉強するときでも、朝食はしっかりとることだ。

〝脳のガソリン〟は、どこで補給すればいいか

頭を使うとき、人間の脳にもっとも必要な栄養分は「糖質」である。米や麦などの炭水化物は、体内でブドウ糖などに分解されて吸収される。

この糖質こそ、〝脳のガソリン〟といっていい。

脳は多量の糖質を必要とし、脳の重さは体重の二パーセントしかないくせに、体全体の

二〇パーセントものエネルギーを消費するのだ。糖質が不足すると、てきめんに脳の働きは鈍くなる。

寝起きにボーッとするのも、前夜の食事から何も食べていないため、脳が糖質不足になっているからだ。そんな状態のときに朝食抜きで勉強しても、頭が働かないのも当然のことだ。むろん、資格試験を受ける当日など、朝食も食べないで出かけるのは論外の話になる。朝早起きして勉強する人は、起き抜けのコーヒー・紅茶に砂糖を入れるといいだろう。

アメリカのハーペンという学者の実験では、小学生を対象にした計算力の調査で、四五分おきにブドウ糖を与えながら計算させたところ、四五分おきに正解率がはね上がったという。糖質が計算力を高めたというわけである。

ただし、これも程度問題の話であり、糖質は人間の体にとって諸刃《もろは》の刃《やいば》といえる。とりすぎると肥満を招くし、糖尿病など生活習慣病の引き金を引くことにもなる。「意識してとる」ことよりは、「食事を抜かない」ことを心がけたほうがいい。

また、脳を活性化させるためには、ビタミンB群を適度にとることも必要だ。

ビタミンB群は、脳のなかでの糖質の代謝を手助けする。ちなみに、ビタミンB群の宝庫は、納豆や味噌汁である。米とともにこれらを食べる日本式の朝食は、脳にはぴったりのメニューといっていい。

また、頭をよく働かせるためには、カルシウムの摂取にも注意を払いたい。カルシウムには脳細胞の興奮を静め、神経を落ちつかせる効果がある。

人間、イライラしていると、集中力が落ち、その分、記憶力も思考力も低下する。とくに、むずかしい問題解決に直面しているときや、試験勉強をしているときは、ささいなことで不安な気分になりやすいものだ。

その意味でも、カルシウムは頭をよくするための強い味方といっていい。

よく知られているように、カルシウムの宝庫は乳製品である。一般に、カルシウムの吸収率は低いのだが、牛乳に含まれているカルシウムは比較的吸収率が高い。牛乳が飲めない人は、ヨーグルトやチーズを食べればよい。牛乳同様に、カルシウムの宝庫である。

以上、生活のリズムを崩さないためにも、三度の食事はきちんと食べたほうがいい。切羽詰まったときには、食事時間を削るのもやむをえないが、脳を守るためには栄養まで削らないことだ。

●「酒」を勉強に生かせる人——月に一度、私がとことん大酒する理由

大人の場合、「時間」という意味で問題になるのは、食事よりもむしろ、酒とのつきあ

い方だろう。

私は近年、自宅で仕事をすることが増えていることもあって、月に一度程度、むしょうに外で飲みたくなる。気の合った友人と、少々は知的な刺激のある会話、大半はバカ話をしながら、とことん飲みたくなる。

はしご酒、午前様のあげくは、睡眠不足と二日酔いである。むろん、翌日の午前中は使いものにならず、午後になっても仕事、勉強の能率は上がらない。日が落ちてからも、前夜、睡眠不足になっている分、早めに寝てしまうことが多い。

ということは、私は一回外で飲むと、前日の夕方から翌日いっぱい、一日半もムダにしていることになる。

月に一回ということは、年に一八日間、全時間の五パーセントにものぼる時間をムダにしている。今、計算して自分でも愕然としたのだが、月一回程度しか外で飲まない私でも、それだけの時間を酒に奪われているわけである。

しかし、私は今のところ、この月一回の外酒をやめるつもりはない。

おそらく、それは私の精神衛生には、必要な時間だろうからである。酒好きの人間にとって、適度の量、回数、アルコールをたしなむことは、体だけでなく、精神にとっても百薬の長というところがある。

この点で、日本人は非常に酒の飲み方がうまい国民だと思う。私は、アメリカで三年暮らしたが、アメリカ人のあの酒の飲み方を真似ようとは思わない。

アメリカ人、とくにアメリカのエリートたちは、酒を飲むときも心身を休めることができない。まず、アメリカには、日本のクラブやスナックのようなタイプの酒場はない。もしあったとしても、そんなところに通っていることがバレたら、女性蔑視者という扱いを受けてしまうだろう。

そのため、外で酒を飲むときは、たいていパーティ形式になり、大勢の人にスマイルをふりまきながら、何かと緊張を強いられながら飲むことになる。しかも、酒の席でも失言は絶対に許されない。

もし酒の勢いで、人種差別発言などしようものなら、エリートとしての社会的生命はおしまいである。失言暴言も酒のうえの失敗としてある程度許される日本とは事情が違うのである。

やはり、アメリカは禁酒法まで施行した国のようである。精神科医としていわせてもらえば、アメリカ人は酒の効用をまったく理解していないといってもいい。いいたいことがいえる場所を確保するのは、ストレスをため込まないという意味で、人間にとって非常に大事なことだ。アメリカ人は、そういう酒の効用を放棄しているわけだ。

その意味で、酒の好きな人は、勉強生活中だからといって、禁酒する必要はない。

●「一番やりたいこと」「その次にやりたいこと」をハッキリ区別せよ

そもそも、酒にかぎらず、勉強するときに過度に禁欲的になると、かえって勉強の効率を落とすことになる。

私自身は、趣味や嗜好の時間の使い方について単純なガイドラインを持っていて、仕事や勉強の能率にメリットがあるかどうかで判断している。やりたいことを我慢して精神衛生が悪くなって、仕事や勉強にマイナスが出るようであれば、我慢はしない。

四〇年余りの人生のなかで趣味や嗜好はいろいろ変わってきたが、映画マニアだった時期には映画館に通いつめ、女の子と遊びたい時期には遊び、酒を飲みたいときには飲んできた。

とくに、三〇代以降の「大人の勉強」は自分の専門を磨きあげていく長期戦である。趣味や嗜好と同時進行ですすめなければ、長続きさせることはできない。勉強するのだから禁欲的になるのは当然という考え方はやめ、自分のライフスタイルをある程度優先したほうが、結果的には頭がよくなる確率は高くなる。

それでなくても、「○○をしてはいけない」という禁止標語型の発想は、うつ傾向の引き金を引くことになりやすい。すると、肝心の勉強する力を落としてしまうことになる。

とはいえ、むろんやりたいことをすべてやっていては、勉強する時間がなくなってしまう。私の場合でいえば、週に二回も三回も外で飲んでいれば、知的なインプット量、アウトプット量は真っ逆さまに落ちていくだろう。そこで、自分の趣味・嗜好にある程度の優先順位をつけ、やりたいことの二位以下は、控えめにするくらいの覚悟は必要になる。

私の場合、二〇代の終わりに、本気で勉強する気になってからは、意識的にギャンブルなどの勝負ごととは遠ざかってきた。勝負ごとは勝ち負けがからむ分、私の場合、心理的にあとを引いて、気分転換には不向きだったのだ。また、緊張を強いられる分、脳が疲労し、その後は何もする気がなくなるというデメリットもあった。

当然の話ながら、酒も飲みたい、ゴルフもしたい、麻雀もしたい、テレビも見たいでは、大人の勉強はできない。一日二四時間起きていても、勉強する時間がなくなってしまう。

和田からのメッセージ——頭のいい時間術④

・勉強する前に〝自分の嗜好・趣味の優先順位〟をランキングしてみよ

7

「頭」をよくする三〇代からの生き方

——これから伸びるのは「どんな人」か

1 「やる気」が長持ちする人、しない人

人を動かすには、つねに「二つの動機」が必要

天才、偉人と呼ばれる人たちは、一種、パラノイア（偏執狂）的な人格の持ち主といっていい。

松下幸之助氏の有名な言葉に、「成功の秘訣は、成功するまでやめないこと」というものがある。

しかし、ふつうの人にその真似をすることはできない。つまずけばいやになる。失敗すればやめたくなるのが、ふつうの人間だ。

いくたび失敗、挫折しても、それを乗り越えて、困難に立ち向かう動機を持ちつづけるのは、並大抵のことではない。それができるのは、よほど強い人格と強烈な内的動機を併せ持った人だけだ。その意味で、伝記に出てくる人のほとんどは、パラノイアな性格の持

ち主だといっていい。

ふつうの人は、自分の努力がそこそこに実り、人に認められ、ほめられてこそ、意欲を持続することができる。

山本《やまもと》五十六《いそろく》元帥の言葉に「やってみせ、いってきかせて、させてみて、ほめてやらねば人は動かじ」というのがある。

これは、「人」を「自分」に置き換えても、立派な真理だ。人から認められたり、ほめてもらわないことには、やる気が起きないのが、ふつうの人間なのである。

たとえば、勉強したことをまとめてホームページをつくったとする。そのとき、アクセスがそこそこにあれば、「よし、これからも更新していこう」という気持ちになるだろう。しかし、まったくレスポンスがないと、「誰も見ていないんだな」ととたんにめげて、やめたくなるのが当然の人間心理だ。

勉強を含めて、ふつうの人が何かのことを継続しようと思えば、内的動機だけでなく、外的な動機づけが必要になる。人から承認され、ほめられることで自己愛が満たされることが必要なのだ。そこから、新たな動機が生まれ、不安が消え、自信が湧き、新たな意欲が生じてくる。

端的にいえば、そういう外的動機を与えてくれるのは、自分のごく身近にいてほめてくれる人たちである。

私自身、原稿を書きあげたとき、編集者に「今度の原稿、おもしろいですねえ」とほめられると、みるみるやる気が出てくる。

単行本を書いたときは、書評にとり上げられてほめられたいと内心思う。自分のホームページに「今度の本、おもしろかったです」という読者からのメールがくるだけで、機嫌がよくなり、「よし、がんばろう」という気持ちになる。

「好きになってくれる人を好きになる」心理を応用すると……

人からほめられるような環境をつくるコツは、ふだんから自分も積極的に人をほめておくことである。それが、回り回って、勉強への意欲を高め、自分の頭をよくすることにつながっていく。

日常生活のなかで、部下や同僚、家族の欠点を探すのではなく、長所や成功をほめるという方向で人間関係を構築していく。人の成功を素直に喜べば、相手の自己愛は満たされ、こちらのことを好きになってくれる可能性が高まるはずである。

心理学的にいうと、「鏡自己対象」といって、人は「自分のことを好きになってくれる人」のことを好きになるのだ。

そして、人を意識的にほめていれば、人間関係は好転し、相手に好意を持たれ、しぜんにほめられる回数が増えていく。それが、勉強する意欲の持続につながるわけだ。

とくに、大人の場合、子どもに比べると、ほめられる機会が少なくなっている。「そういえば、もう何年も人からほめられたことがないな」という人もいるだろう。その分、思いがけなくほめられると、より強い動機につながるという面もある。

人からほめられるという人間関係をつくっていくことは、勉強部屋や書斎をどうするか以上に、「大人の勉強」にとって重要な環境づくりといえるわけだ。

和田からのメッセージ——頭をよくする生き方①

・頭にいい環境づくり——まず、意識して人をほめてみる！

2 「自分の専門・得意分野」にこだわる人、こだわらない人

アメリカに三年間も留学した私の「英会話ができない理由」

「どんな勉強でも、やっているうちにおもしろくなるものだ」――よく聞く言葉ではあるが、私はとんだウソっぱちだと思っている。

むしろ、自分に向かない勉強は、やっているうちに、どんどんいやになってくることのほうがはるかに多いはずだ。

そもそも「大人の勉強」は、学生時代と違って、何を勉強しようと個人の自由である。それなら、嫌いな勉強をいやいや続けるよりも、最初から自分に合ったことを勉強したほうがはるかに賢明だ。興味を持てる分、知識の入力は容易になるし、意欲もしぜんに持続する。

私は、勉強に見切りをつけるのは早いほうで、自分に向かないと思った勉強は、これま

でどんどん投げ出してきた。その筆頭は、英会話である。

私は、英語の読み書きはできるが、英会話はほとんどお手上げである。

アメリカに三年間も留学していながら、ろくに話せず、満足に聞きとれない。専門のセミナーを受けるときは、専門用語を知っているから何とかなるが、雑談はからきしできない。ひどいときには、「water」「coffee」が通じなかったこともある。

アメリカに留学するときも、向こうに行けば何とかなるだろうと思って出かけたのだが、最初の数カ月で英語の会話能力についてはほぼあきらめた。

しかし、自分に向いていない勉強を捨てることは、けっしてムダなことではないし、恥じることでもない。

それで生まれた余裕を別の勉強にふりむければいいだけの話だ。勉強にも、「損して得とる」ということがある。

人間の頭を悪くする〝猛毒〟に注意せよ

とくに二〇代の読者にいいたいのは、いろいろな分野に手を出したほうがいいということだ。

早いうちから専門に凝り固まるよりも、いろいろと自分の可能性を試してみることだ。それは、頭をよくする生き方の第一歩といってもいい。

一握りの天才をのぞけば、自分に合った勉強分野を探すには試行錯誤しか方法はない。そのためには、大学の学部や企業でたまたま配属された部署にこだわらず、いろいろな講義に顔を出してみたり、いろいろな本を乱読してみて、自分が本当に興味の持てる分野を探しだすことだ。

また、ある程度、自分の専門ができてからでも、専門外のことに〝興味の翼〟を広げておいたほうがいい。

私の経験からいっても、専門知識には人間の頭を悪くする毒のようなものも含まれている。自分の専門だけを追っていると、どうしても視野が狭くなり、マンネリにおちいって、思考が停滞することになる。ものの見方が固定化してしまうのだ。

また、特定分野についての知識が増えるに比例して、新鮮さが失われ、知らず知らずのうちに興味は薄れていく。

さらに、その分野の専門家という自意識に凝り固まると、「この分野に関して自分の知らないことはない」というようにメタ認知も狂いはじめ、人の意見がまともに聞けなくなる。狭い枠組みにとらわれ、保守的な考え方しかできなくなるわけだ。

すると、待っているのは「専門バカ」という烙印《らくいん》である。

その意味で、自分の専門だけにこだわるのは、もっとも頭を悪くする生き方といってもいい。だから、もともと頭がよかった大学教授たちの話は、理屈は立派でも、実用に堪えないのである。

それを防ぐためには、ときどきは自分にとって未知の分野について勉強し、新しい視点から自分の専門知識を見直してみることだ。すると、他分野の知識、考え方を利用して、自分の専門についてもこんな考え方もできるのかと頭が活性化してくるものだ。

私が本来は専門外の教育問題や経済情勢について発言したり本を書くのも、精神分析や心理学だけをやっていると、木を見て森を見ず、ますます人間という存在が理解できなくなるような気がするためだ。

そのため、ときどき自分の専門フィールドを離れて、頭を〝散歩〟させてみたいと思うのである。

和田からのメッセージ——頭をよくする生き方②

・「専門知識は、専門以外の知識を加えることで、より深まっていく」ことを忘れるな

3 「集中力」がある人、ない人

フロー状態——「究極の集中力」はどうすれば手に入るか

心理学では、集中力が極限にまで高まっている状態のことを「フロー（flow）」という。「フロー」とは、能力があふれだすというような意味で、自分の行為に一〇〇パーセント集中している状態のことをいう。

一流のスポーツ選手は、そういう状態をときどき体験している。全盛時の力士は、土俵に上がったとき、大入り満員の観客の喚声すら聞こえないことがあるという。ボクシングのある元世界チャンピオンは、全盛時にはリング上にいるレフェリーに気づかなかったことがあるそうだ。

それだけ、対戦相手に対してのみ意識が集中していたわけである。これが、スポーツの世界では、「ゾーンに入った」といわれる状態である。

しかし、こういう究極の集中力は、そう簡単に得られるものではない。

私がこのフローに近い状態になるのは、一年にせいぜい二、三回である。読書に没入して時間を忘れ、「あ、疲れたな」と気づいたときには、四時間も五時間もたっていたということが一年に二、三度はある。

確率にすれば、机に向かうときの一パーセント以下だろう。

よほど、私自身の精神的、肉体的なコンディションがよく、何の気がかりもなく、時間を気にする必要もなく、妻も子どもも書斎に入ってこず、電話もかかってこない、そして飛びきりおもしろい本に出会ったとき――そういう条件が奇跡的にマッチしたときにしか、フローの状態は得られない。

それ以外のときの私の勉強している姿は、他人から見ればひどいものだろう。

読書していても原稿を書いていても、三〇分に一度はキッチンに行ったり、家のなかを用もないのに歩いてみたり、突然、電気カミソリでひげを剃ってみたり、はたから見れば、落ちつきがなく、とても集中しているような姿には見えないと思う。

だが、それはそれで、私にとってはけっこう集中している状態といえるのである。フローとはいえないまでも、そうしながらも、けっこううまく頭が働いていることは、経験的によくわかっている。

●「大天才の集中力」「凡人の集中力」――あなたに必要なのは？

じっさい、机にじっと向かって行儀よく座っていると、かえって脳と体の消耗は激しくなる。

長時間同じ姿勢を続けていると、全身の血液の流れが悪くなり、脳の働きは鈍ってくる。それが、集中力を落とす原因、思考力減退の要因、眠気の誘因になる。

むしろ、適当に立ち上がったり、少し歩いたりしていたほうが、「準フロー」的な集中力を得られる確率は高いのである。それは心身が適当にリラックスした状態といえ、長い目で見れば、そのほうが勉強の効率はよくなる。

そういう意味で、「自分は集中力がない」と思う人は、集中力に対する期待値が高すぎる人といえるだろう。

毎度毎度「フロー状態」の集中力を得られるのは、ニュートンやアインシュタインのような人類史に残る大天才だけである。集中力を高めるという発想よりも、リラックスして勉強を楽しむと考えたほうが、意欲が長続きし、結果的に頭がよくなる確率は高いはずである。

なお、テクニック的にいうと、学習する事柄に集中力を高めるコツは、自分の実力よりもやや高めのことを学習対象にすることである。

たとえば、将棋を指すときは、自分より少し強い相手を選んで指すと、もっとも一生懸命に指すことになる。強すぎる相手と指すと、負けて当たり前、弱すぎる相手には勝って当たり前で、ともに集中力を欠くことになる。

勉強もそれと同じで、「現在の自分の能力では、少しむずかしいかな」と思える勉強に取り組むとき、集中力はもっとも高まりやすい。

学習対象が簡単すぎると退屈し、またむずかしすぎるとできないことで不安になり、ともに頭は働かなくなってしまうのだ。その意味でも、メタ認知能力をよく働かせて、自分の能力を測定する必要がある。

和田からのメッセージ――頭をよくする生き方③

・「机に行儀よく向かっている時間」が多すぎないかをチェックせよ

4 「頭」が早く老化する人、しない人

悪魔のサイクル――「知能の老化」より「感情の老化」が怖い！

知的な能力は、年をとっても、一般的に考えられているほど、急激に落ち込むものではない。

むしろ、頭を悪くするという意味で警戒すべきは、感情面の〝老化現象〟である。

事実、脳の萎縮は、ものごとへの意欲や感情の切り換えを担当している部位から始まることがわかってきている。そして感情が老化すると、保守的にしか考えられなくなり、やがて意欲も消え、しだいに頭や体を使わなくなって、心身ともに衰えていくというサイクルに落ち込む。

感情面の老化が頭全体を悪くする引き金を引くというわけだ。

とくに、ある程度、地位、肩書、収入に恵まれている人ほど、この悪魔のサイクルにお

ちいりやすい。

そういう地位などが自己愛をある程度満たしているため、感情面が老化しているというメタ認知が働きにくくなるのだ。

現実的にいうと、地位が高くなると、まわりにイエスマンばかりが増えて、誰も的確なアドバイスをしてくれなくなる。そのため、認知の歪みが矯正できなくなり、地位への執着ばかりが強くなって、合理的な判断ができなくなっていく。

それでも、本人は自分が〝劣化〟していることに気づかないから、「知的老化」はどんどん進行していく。

これが、元は名経営者と呼ばれていた人が、老害化していく典型的なパターンである。

●自分の将来について「企画書」を書いてみよう

また、日本の大学教授たちも、おしなべて感情面の老化した集団といえる。

なぜか――。日本では、おおむね大学教授という肩書を得た研究者は勉強しなくなるからだ。

助手から講師、講師から助教授、助教授から教授に昇格していく過程には、競争があり、勉強しなければ学者の階段をのぼっていくことはできない。しかし、いったん教授になってしまうと、その後、業績をチェックされることはなくなる。

すると、助教授時代には切れのある論文を発表していた気鋭の学者でも、すぐにとんちんかんなことをいいはじめるのだ。教授になったことで、感情面の老化が始まり、その後、勉強しなくなった証拠である。

余談になるが、私は政府の審議会委員は、すべて「助教授」にしたほうがいいと思っている。

感情を老化させないためには、どんな地位にあっても、どんな肩書を持っていても、「さらに進歩したい」「さらに頭がよくなりたい」という貪欲さ、ハングリーさが必要になる。

その意欲が、頭をさらによくする生き方につながり、自分の頭のコンディションをよくしておくことにつながる。

今の時代、課長になった、部長になったといって満足していると、それはリストラの予兆だったということになりかねない。

リストラを宣告されてから、あわててももう遅い。地位と肩書があるあいだに、自分の頭に対しても次の手を打っておく必要があるだろう。

若いときには、誰でも知的にハングリーになれるものだ。

勉強、努力の結果、ある程度、成功したときにこそ、どうやって頭をさらによくする生き方を続けていくか、勉強へのハングリー精神を維持していくか――これからの時代では、それが問題になってくる。

そのためにも、自分の将来に対する不断の企画力が必要になってくるともいえる。

和田からのメッセージ――頭をよくする生き方④

・感情の老化――地位、肩書が上がったときほど、気をつける！

5 他人より目立とうとする人、しない人

「無口な人」より「おしゃべりな人」のほうが頭がいい?

酒場で雑談するときでも、人の興味をひきつけようと思えば、何かおもしろい話、知識を仕入れておく必要がある。

女の子に受けようと思えば、こまめに最新情報を仕入れて、自分なりに加工しておもしろく話す必要がある。

要するに、〝知ったかぶり〟をするのにも努力が必要なのである。

その意味では、無口な人よりも、おしゃべりな人のほうが、頭がよくなる確率は高いといえる。

人に話を聞いてもらおうと思えば、頭に新しい知識を入力し、思考力を働かせて、自分なりの意見を持ち、それなりに魅力ある話としてアウトプットする必要がある。

むろん、相手が聞いていようがいまいが、つまらない話を延々続けるようなおしゃべりは論外であって、人を楽しませるにはそれなりの努力が必要になるのだ。そういえば、学者といえば無口な人が多いようだが、私の知るかぎり、尊敬できる学者ほど座談の名手であることが多い。

また、おしゃべりな人は、無口な人より、自己顕示欲の強い人といえる。

私も、平均よりはややおしゃべりのほうで、とくにいい聞き手に恵まれたときは、止まらなくなる傾向もある。そして、私がいろいろな雑誌に原稿を書き、本を出すのも、ほかにも動機はあるにせよ、自己顕示欲の仕業であるという部分は否定できない。

それは、程度の差はあれ、メディアに露出している人間すべてに共通することだろう。むろん、専門知識や思考力などの裏づけのない自己顕示欲では、出版社や論壇から相手にされるはずもない。読者の要求に応えるためには、それなりの質のものを発表していく必要がある。

そのためには、勉強し、考えつづけるしかないのである。

自己顕示欲を満たすためには、アウトプットすることが必要であり、その機会を確保するためには、勉強するしかないのである。その意味で、適度な自己顕示欲は、勉強に対する意欲の源泉といえるのだ。

●鉄則——「自分のこと」はどんどん〝情報公開〟する！

また、自己顕示欲に導かれて、知識や思考を出力することには、その後の情報の入力・保持をよくするという効果もある。

多くの出力体験を持っていると、たとえ勉強量は減っていても、頭に残ることは増えていくのだ。

私の場合、ここのところ原稿の注文が増えて、専門書を読む時間が減っている。自分でもまずいとは思っているが、本音をいえば、現時点のところ、そうは困ってはいない。出力体験を増やしていることが、記憶の歩留りをよくし、思考の速度を上げているようなのである。

むろん、程度の差はあれ、自己顕示欲は誰にでもある欲求である。

それをムリに押し殺して、人前で黙っていると、何かを学習する欲求が消え、また、ものいわぬは腹ふくるるわざであり、ストレスもたまっていく。その意味で、「不言実行」よりも「有言実行」したほうが、頭をよくする確率は高くなるといえる。

だから、何かの勉強を始めたときは、勉強していることを人に隠すのは損な方法になる。

昔の女学生ではないのだから、恥ずかしがらずに、自分が勉強していることは、まわりの人にどんどん情報公開する。人に積極的に話せば、それは記憶の強化につながるし、相手がその話をおもしろがれば、さらに勉強してみようという動機づけにもなる。「男は黙って」という方法では、勉強はなかなかはかどらないものだ。

和田からのメッセージ――頭をよくする生き方⑤

・「自分が勉強していること」は、なるべく人に自慢する！

●和田秀樹ホームページ　http://www.hidekiwada.com/

30代《だい》から始《はじ》める「頭《あたま》」のいい勉強術《べんきょうじゅつ》

著　者――和田秀樹（わだ・ひでき）

発行者――押鐘冨士雄

発行所――株式会社三笠書房

〒112-0004 東京都文京区後楽1-4-14
電話：(03)3814-1161（営業部）
　　：(03)3814-1181（編集部）
振替：00130-8-22096
http://www.mikasashobo.co.jp

印　刷――誠宏印刷

製　本――宮田製本

編集責任者　迫　猛
ISBN4-8379-1945-6 C0030